心理テクニックを使った！

戦略的な学級経営

阿部真也

著

東洋館
出版社

はじめまして
阿部真也と申します。

本書を手にとっていただき誠にありがとうございます。

フォレスタネット※に実践を投稿して1年と少し。
ありがたいことに、さまざまな縁が重なり、このように本を出版させてい
ただくことになりました。

本書のタイトルは「心理テクニックを使った！戦略的な学級経営」です。

● なぜ心理学を用いるのか。

本書は心理学の知見をかりて、実践を試みています。

佛教大学の石川美智子氏（『学級経営の動向－学級の変遷・戦後の学級経営論文と小学校教師への調査－』）によれば、学級経営において「科学的根拠」に基づいた実践研究がなされていないとの指摘があります。

つまり、学級経営は、教師の長年の勘や感覚によるものが多いのです。その結果、初任教員が学級をうまく運営・展開できない事案が多発しています。

本書は心理学という科学的な学問の知見をかり、学級経営がより豊かになることをねらいとしています。

なお、心理学用語を書き記した理由は、私の実践が当然、正解なのではなく、心理学用語を通して、心理法則、心理効果などを広く知ってもらい、応用し、よりよい実践へと発展していくことを願い記しました。また多方面で行われている実践も多数掲載しています。心理学的に考察し、価値づけして記述しています。

● 戦略的学級経営とは何か。

戦略的学級経営とは「子どもの心理を図り、学級経営を戦略的に展開すること」です。詳しい説明に入る前に、そもそも学級経営において大切なことは何かについて考えたいと思います。学級経営について、「学習指導要領解説　特別活動編」にて、次のように記述されています。

教師と児童との信頼関係による安心感のある居場所づくりはもちろんのこと、（中略）

仲良くしたり、信頼し合ったりする関係を築かなければならない。

　このように、教師と児童や子ども相互の信頼関係を築き上げ、その結果、子どもにとって「安心感のある居場所」が達成されることがとても大切であることがわかります。

　一方で、信頼関係を築き上げることが出来なかった場合、どのような事態が想定されるのでしょうか。

　想定されることは、学級がうまく運営・展開できない状態です。その結果、子どもが教師に対する不信感を募らせたり、子ども同士が傷つけ合ったりする状態へと発展します。

　こうしたことが悪化すれば、「学級崩壊」へとつながります。

　学級崩壊が起きてしまえば、一人ひとりの学びの自由が奪われ、安心感のある居場所がない状態になります。その結果、子どもが自ら命を絶ってしまうという由々しき事案も存在しています。

　ところが、日本全国の教師は、信頼関係を構築すべく「愛」や「誠実さ」をもって子ども一人ひとりと接しています。当然、私も、その一人です。子どもはとても純真で、学びの意欲に溢れ、一人ひとりが輝いています。

　しかし、現実問題として、学級崩壊は全国に存在しています。このことから、学級経営とは愛や誠実さ、感覚だけでは、達成できないとても難しい営みなのです。

　そこで、教師は、愛や誠実さという「感覚的」なものだけなく、学級経営を「意図的・戦略的に」展開し、子ども一人ひとりが安心・安全に生活できるようにすることが必要であると考えています。

　本書では、心理学の知見をかりながら、「児童の心理を図り、学級経営に戦略をもって、子どもたちを導くこと」を「戦略的学級経営」と呼んでいます。

　「学校の現場をよりよいものにしていきたい」「子どもたちのために、よりよい学級経営術を提案していきたい」その子どもへの愛と情熱をこめて、書き上げました。

　この一冊が、今、学級経営に困っている人、また、よりよくしていきたいと思っている人の一助になれば幸いです。

※フォレスタネットは、全国の先生方が投稿された、授業実践や学級経営テクニックが掲載されている、学校の先生のための情報共有サイトです。登録・利用は全て無料で、日々の授業づくりに役立つ情報が満載です。

トラブル対応

「戦略的学級経営」の目指す 学級像と基本的な考えと使用上の注意

　本書は、心理学的な知見をかりながら、実践を行っています。したがって、本実践は子どもへの影響は大変大きいです。そのため、実践そのものだけでなく、「どのようなねらいをもって行っているのか」をご理解いただくことが大変重要になります。したがって、具体的な実践に入る前に、本書における戦略的学級経営の目指す学級像と基本的な考えを述べさせていただきます。

　目指す学級像は以下の2点です。

1　子ども一人ひとりが安心、安全に生活できる学級

　「前書き」にも書きましたが、子どもは多様です。学級とは多様な子どもが混在している集団です。多様であるがゆえにお互いの価値観をぶつけ合ったり、傷つけ合ったりする可能性があります。そこで、本実践では一人ひとりが安心と安全が確保された空間を作り出すことを目標にしています。

2　自分で考え、行動する学級

　教育活動は、法や規則などに基づき行われます。ともすると、子どもたちは、教師や大人から、強制的にやらされているような形になりがちです。しかし、それでは、自分で選択・判断したりする力は付きません。本実践では、集団で合意形成を図ったりしながら、きまりやルールを決めることができる学級の形成を目標にしています。

　このような子どもや集団像をねらいとして、実践を行います。あくまでも、子どもとの信頼関係をベースにした、安心安全な教室の創造、そして、自律的な集団の形成をねらいとした実践です。

本書の実践は、「子どもたちを操る」という側面は否めません。しかし、根底にあるのは児童理解です。子どもたちを、よりよい方向へと導くためには必要なことだと考えています。

　次に、実践における基本的な考えを以下のように説明します。

基本的な考え―引き出す―

　人（子ども）は、「○○するな」と言われたら、○○がしたくなります。また、「○○しなさい。」と言われたら、逆にしたくなくなります。例えば、ケンカがあった際に、教師は「ケンカしないように相手のことを考えて行動しましょう。」などと解決策を一方的に指導しがちです。しかし、子どもの心理の中で「○○しなさい。」と言われたら、反抗する心理が働くのです。そこで、子どもから答えを「引き出す」という立場をとります。
子どもたちは、答えを知っています。戦略的学級経営では、子どもからいかに引き出し、励ますかという視点で行います。

基本的な考え―自己決定させる―

　子どもを指導する場面で、教師は命令や禁止する口調になりがちです。そこで、教師が一方的に押し付けるのではなく、話し合いを通して自己決定していくことを大切に行います。
　自分たちで決めたことは、子どもたちは守ろうとします。自分で決めたことは責任をもって守るという心理作用が働きます。その作用を参考に指導を行うことで、効果的な指導が可能になります。

　このように、【戦略的学級経営】では、引き出すこと、自己決定させることを主に行います。そして、その背景にあるのは、子どもへの信頼と子どもの心理作用を応用した効果的な指導にあります。

新年度
休み明け

心理テクニック

1 手紙で演出する最高の出会い

ハード・トゥ・ゲット・テクニック

　始業式の朝、私の地域の学校では、子どもは登校するとまず教室に入り、その後、体育館で担任発表があります。つまり、体育館ではじめて担任と顔を合わせることになります。多くの先生方は、子どもが登校する前に教室の黒板にメッセージを書き、子どもを言葉で出迎えます。

　子どもは、年度始め、少なからず不安を抱いて登校します。その登校を軽減しようと黒板にメッセージを書きます。ただ、私は、黒板にはメッセージを書きません。「手紙」で子どもを出迎えます。

心理キーワード

ハード・トゥ・ゲット・テクニック

　ハード・トゥ・ゲット・テクニックとは、相手に「あなただけ特別です。」と伝えることで、好印象を与える技術です。その特別感を与えるために、「手紙」を使います。

6年2組のみなさんへ
簡単ですが、手紙を書きました。最後まで読んでくれると嬉しいです。
進級おめでとうございます。
そして、6年生の教室へようこそ。
小学6年間で登校する日数はおよそ1200日。
君たちはすでに、1000日学校に登校してきました。よくがんばりました。
そして、残りの小学校生活はあと204日。
今、その1日目がスタートしました。
窓の外を見てみましょう。いままでと景色がちがうでしょう。
窓の景色と同じように、この1年間はきっと特別なものになると思います。
6年生にしかできない1年生のお世話、修学旅行、そして、卒業式などがあります。
この1年間でたくさん笑い、たくさん貴敵な思い出を作ってください。
君たちにとって、最高の1年間になりますようにこころよりねがっています。

　　　　　もうすぐ、君たちと出会うことが楽しみな、6年2組の先生より

戦　略　的　実　践

STEP 1 → 手紙を書いて、子どもの机に印刷した手紙を一つひとつ置きます。

　内容は、進級への「お祝いの言葉」や「これまでの頑張り」、「これから頑張るぞ」と子どもにとって意欲付けになる内容を記載します。例として、イラスト（左下）をご覧ください。

　朝、登校した子どもは、「なんだろう。」と手紙を見ることでしょう。そして、机の上という限られた空間で教師の熱い出会いの言葉を読みます。黒板に書くよりも、その内容は子どもたちに伝わることが期待されます。

　つまり、「あなただけに送ります。」という「特別感」の効果が期待されるのです。【ハード・トゥ・ゲット・テクニック】

さらに手紙の場合、子どもたちが持ち帰ります。

　保護者は子どもが初日に持って返ってきた書類を見ます。教師の手紙を見て、熱くそして温かい思いを知ることになります。

　このようなちょっとした工夫で、保護者と教師が信頼関係を結ぶことができます。

STEP 2 → 学級通信に手紙の内容を掲載します。

　すべての保護者が、子どもの持って返ってきた書類を見るとは限りません。

　そこで、学級通信を使って、保護者の方にお知らせできるようにします。

留　意　点

　宛名は個人ではなく、あえて「みなさん」にすることです。

　様々な事情で、内容に沿わない子もいます。そうした配慮には気をつけていきたいです。

ま　と　め

　初日に手紙を作成することで、教師と子ども、保護者の信頼関係を結ぶきっかけをつくりましょう。

2 始業式から教室に行くまでの指導

エンハンシング効果

　初日、体育館などで、担任が正式に発表されます。その後、子どもたちを教室に連れて行きます。その際に、ただ連れて行くのではなく、その間にほめる材料を集めながら、教室に連れていきます。教師との出会いを最高のものにするために、温かい言葉をかけ、ほめることが子どもの初日の不安や期待に応えることになります。

心理キーワード

エンハンシング効果

　エンハンシング効果とは、相手に賞賛の言葉をかけ、自発的なやる気が出る心理効果をいいます。
　今回では、始業式や靴箱、教科書を持っていく場面でほめます。子どもが当たり前としてきたことをほめ、価値付けることで、子どもにやる気を起こさせることをねらいとします。

戦 略 的 実 践 ① 〜始業式会場や廊下歩行で〜

STEP 1 → 始業式会場や廊下歩行の自分の学級の様子をしっかりと
見つめます。

見る観点は主に以下の点です。

- 綺麗に整列できているか。
- 私語はないか。
- 顔は前を向いているか。
- 姿勢はよいか。

POINT

- 当たり前のことをまずメモします。
  全員ではなくても、姿勢がよい子はいます。そこで、子ども名簿を持って行き、メモします。なお、子どもの顔と名前を事前に覚えるか、どの子がだれかわかる資料を持って行くことをおすすめします。

STEP 2 → 始業式が終わります。

子どもたちが体育館から退場します。
廊下歩行も様子を見ます。
教室でメモしたことをほめます。あたりまえのことをしっかりほめることで子どものやる気を喚起します。【エンハンシング効果】

戦 略 的 実 践 ② ～会場から玄関に向かう～

STEP 1 → 始業式会場から教室へ行く前に玄関に集めます。

　ほとんどの学級は、体育館（会場がグラウンドを除く）からそのまま教室に向かいます。

　しかし、私は必ず玄関に集めます。騒がしいようであれば、静かにするようにしっかり諭します。叱るのではなく、「シー」の合図で教えてあげます。もうすでに、子どもたちは教師の指導力や指導の基準を見ています。毅然とした態度で、しっかりと指導することが大切です。

STEP 2 → 靴箱の使い方をほめます。

　靴箱の使い方を指導するのですが、主な目的は、ほめることにあります。使い方が正しい子どもを取り上げ、大いにほめます。このように、当たり前をその場でほめます。【エンハンシング効果】

　ただ、靴がはみ出ていたり、靴が傾いていたりする子どももいます。その際は、「使い方が自分でよくないなと思う人は直しましょう」と促します。子どもたちは、並べ直します。

　この時点ですでに、靴箱の使い方の指導ができ、またほめることができます。

　このような指導の結果、靴箱は１年間きれいに使用されます。

戦 略 的 実 践 ③ ～教科書を共に運ぶ～

　教科書を一緒に運びます。

　始業式後、すぐに教科書を一緒に運びます。

> 体育館から靴箱へ向かった後、教科書が置いてある特別活動室に行きます。

　ここで、子どもたちと初めての共同作業が行われます。そこでも、教師の学級経営の要素を組み込みます。

例えば、

- 教科書を全員に持たせる
- ありがとうと感謝の言葉を投げかける
- 自分で使うものは自分で持っていく
- 共に協力し合っていく

などです。その姿勢を、初めに動作を伴って指導できる場面がまさに、教科書を運ぶ作業なのです。大切にしましょう。

POINT

- 教科書を運ぶ際に感謝の声を惜しみなくかけます。

  はじめての共同作業です。この際に、教師側から「ありがとう。」や「さすが。」「素晴らしい。」などと言って、ほめながら、運ばせます。こうした言葉がけで、この先生はほめてくれる、認めてくれるということを伝えることできます。肯定的な声かけによって、子どもたちは一生懸命行います。【エンハンシング効果】

　以上のように、さまざまな場面でほめる材料を具体的に集め、ほめることで教室は親和的な空間に満ちてきます。

　また、初日にほめる学級とほめない学級では、子どものやる気や自己肯定感に差が出てしまいます。

　出会いの場は、教室ではなく、その瞬間から始まっています。

ま と め

　教室に行くまでにほめる材料を集め、教室でほめましょう。

（学級開き1日目①）

3 1年を決める教師の語り

初頭効果

　学級開き1日目は、教師も子どもも気分がよく、きまりやルールを緩くしがちです。その場では、とても友好な関係を作れたかのように思うかもしれません。しかし、その後1ヶ月、2ヶ月と過ぎるうちに、きまりやルールが曖昧だったせいか、子どもたちの行動が乱れます。

　教師が「このままではいけない」と思い、きまりやルールの徹底を図ります。

　しかし、最初に曖昧なきまりやルールで行ってきたにもかかわらず、その後厳しくなると子どもたちは「最初は何も言っていなかったのに…」と思います。

　これによって、教師への不満がでてきたり、信頼を失うことになります。

心理キーワード

初頭効果

　初頭効果とは、最初の印象が相手にとって強く残る心理効果のことです。初日に子どもは、「どのような先生だろう」と期待と不安で胸が一杯です。

　そのため教師が語る言葉一つひとつに注目します。つまり、教師が語る情報が強く子どもの印象や記憶に残ります。その効果を意識して、大切なことを確実に伝えることがねらいです。

戦 略 的 実 践

STEP 1 → 教室にて簡単に自己紹介します。

　自己紹介は簡単に行います。学級通信に載っていることを簡単に述べる程度です。自分の名前をクイズにするなどして、ちょっとした楽しい時間を過ごします。

STEP 2 → 「教師の願う学級」について語ります。

　教師から「私（教師）が願う学級像」について以下のように語ります。

● 1つ目は、賢い学級

　「**何ごとも自分で考える学級**」また、「**相手の気持ちを想像できる賢さをもった学級**」にしてほしい と伝えます。

● 2つ目は、仲のよい学級

　このクラスにはいろいろな人がいます。「**性格が合う合わないといったことがあるかもしれませんが、しかし、相手を傷つけたり、いがみ合ったりすることなく、尊重し合える学級になってほしい**」と伝えます。

　このように、教師が望む学級について語ります。「学級は子どもたちが作り上げるのではないか」というご意見もあるかもしれません。しかし、上記の学級像をもとに今後自分たちで学級を作り上げることができます。そして、これを早い段階で語ることで子どもに、強く印象づけられるのです。【初頭効果】

POINT

・姿勢を正しましょうと一声かけます。
　学級像をしっかり伝えることがとても大切です。そのためにも、姿勢を正しましょうと伝えます。姿勢を正すと、気持ちも整います。全員の目がしっかりとこちらを見ているのを確認してから、はきはきとした声で確実に伝えます。

学校生活を送るうえで、子どもの成長のために叱らなければならない場面は必ずあります。そのときに、基準なしに叱ることは避けたいです。

あらかじめ、基準を伝えることで、いざ子どもが叱られたときに、その理由を理解させることができるのです。もし、基準が不明瞭で叱れば、子どもは「ただ叱られた」と思ってしまう可能性があります。それでは、成長を促すどころか、子どもの心を傷つけることになります。明確に叱る基準を宣言することが大切です。なお、私は以下のように語ります。

叱る基準

❶相手が傷つくようなことを言ったり、行ったりしたとき。

　学校生活を送れば、他者とのかかわりがあります。その際に、相手の気持ちを想像せず、傷つけるような言動はあってはならないことを伝えます。この相手意識をもち行動する重要性を語ります。

❷同じことを何度言っても、直さないとき。

　何ごとにも失敗はつきものです。しかし、何度も同じ失敗を繰り返してしまう際は、気をつけるように指導することを伝えます。失敗から学び、次に生かす大切さを語りたいです。

❸命にかかわるとき。

　修学旅行や社会見学など外に出るときがあります。その際に交通ルールを守らなかったり、他の人の命を脅かしたりする行為に対しては毅然とした態度で示すことを伝えます。これは、普段の生活でも、相手の命などに関わる行為については、一回だとしても叱ることを語ります。

　以上のように叱る基準を早い内から伝える必要があります。繰り返しになりますが、出会ってすぐに伝えることで、印象強く伝わります。【初頭効果】

　これが後手に回ると子どもたちが混乱したり、指導しても納得を得られない場合があります。

STEP 4 → これまでのしこりを取り払います。

　前年度でのトラブルを抱えているかもしれません。しかし、新しい学年として新たな気持ちで臨んでもらいましょう。

　そこで以下の点を簡単に説明します。

● 新しい学年になり、新たな気持ちでスタートしてほしいこと
● どうしても伝えたい人は手紙をこっそり先生に渡してほしいこと

POINT

・伝える方法は「手紙」であることです。

　　忘れてくれと言っても、子どもの中には聞いてほしいと思う子もいるはずです。その子の気持ちを汲み取る必要があります。

　　そこで、手紙に書いてもらうように促します。そうした配慮によって子どもは「話を聞いてくれる」と安心します。

ま と め

　「初日」ということを意識し、何を語るかを吟味しましょう。学級を運営していく中で、教師が大切にしたいことをしっかりと整理し、確実に伝わるように戦略を練ることがとても大切です。そうした結果、子ども一人ひとりが安心して生活できる学級の基盤が出来上がります。しかし、ここで終わってしまうと、厳しい印象の先生で終わってしまいます。そこで、次項をご参照下さい。

4 アイスブレイクで 最高に楽しい時間を過ごす

ソマティック概念

　前の頁のように「学級像」や「叱る基準」をいくら明るく、穏やかに語ったとしても、楽しい先生というよりは、なんだか厳しく細かい先生という印象を与えてしまう可能性があります。

　子どもは家に帰ったら、担任のことを話します。また、保護者も先生の印象を聞くことでしょう。そこで、ただ厳しい先生ということであれば、保護者への印象はよくないです。初日に楽しい思いをしてもらい、子どもも保護者も安心してもらうようにしたいものです。

　また、初日から、全員の心をつなぐ基盤を作る必要があります。なぜなら、学級は全員が安心して楽しめる空間にしなければならないからです。本実践では、その手立てについて述べていきます。

心理キーワード

ソマティック概念

　ソマティック概念とは、体と心がつながっている概念のことです。つまり、体の接触やアイコンタクトなどの体のつながりを通して、心もつなげることができます。そこで、効果があるのが、アイスブレイクなどのゲームです。アイスブレイクを通して、お互いの心を通わすことをねらいます。

戦 略 的 実 践

STEP 1 → アイスブレイクを取り入れ、子どもたちと一緒に楽しみ
ます。

　体を通して親しくなるために、最適なものがアイスブレイクです。しかし、どのアイスブレイクでもよいわけではありません。選ぶ際に、気をつける点は以下の5つです。

❶身体接触があるもの
❷教室で行えるもの
❸1ゲームが短時間で終わるもの
❹全員が参加できるもの
❺ルールが簡単なもの

　特に、①の身体接触があるものを選びます。身体の接触（つながり）を通して、子どもの心が触れ合うことをねらいます。【ソフマティック概念】
　また、「一部の子ども」が楽しめるものではなく、「全員」が楽しめるアイスブレイクを行いましょう。

　初日に行うおすすめのアクティビティは以下の3つです。
❶たけのこニョッキ
❷指キャッチ
❸プリンゲーム
※これらについては、P24 ～ P29 で詳しく説明しています。

留 意 点

❶ルールをしっかり守らせます。
　例えば、アイスブレイクをする際にルールを無視する子どもがいることもあります。「最初だから」と曖昧にしてはいけません。最初だからこそ、ルールを守る大切さを伝えます。
　ルールは個人だけでなく、みんなが気持ちよくするために必要不可欠であることを伝えていきましょう。

❷さまざまなペアで行うことがとても有効です。

- 男女
- 生まれ月
- 座席
- 今日一度も話していない人

など思いつく限りのペアで行わせることが大切です。

STEP **2** → 「仲よく遊ぶ楽しさ」をしっかり言葉で伝えます。

アイスブレイク後、子どもたちは「ただ、楽しかった」と感じている場合があります。しかし、本来の目的は、アイスブレイクをすることではなく、「アイスブレイクを通して、心をつなげること」、「全員で行うと楽しいことを体感させること」にあります。そこで、アイスブレイクを行った後、「みんなで楽しむ価値」について語ることが大切です。

語る内容は主に

❶**仲のよいクラスは、どのクラスも素敵なクラスであること**

みんなの仲が悪いとよい学級は作れないこと、みんなが安心して生活できないことを伝えます。逆に、仲がよくお互いを尊重し合える学級はさまざまな困難を乗り越え、よりよいものになっていくことを話します。

❷**みんなでゲームをすることはとても楽しいものであること**

一人でゲームをすることはできません。また、できたとしても楽しくありません。みんなで協力したり、分かち合ったりすることで楽しいものになります。みんなで行うからこそ体験できる喜びや楽しさを伝えたいものです。

留 意 点

学級の実態によっては、無理に楽しくせよとは言いません。私（I）メッセージでよいので、楽しくするといいことがあるという説明にとどめてもよいです。

POINT

- 年度初めは、教師主導でよいので楽しい空間を作ります。

  本来は、子どもが中心となってアイスブレイクを進めるものです。しかし、年度当初は、教師が中心となって進めます。効率よ

く親和的な空間を作ることを優先します。

・男女の仲を深めさせることを意図します。

　全員が仲のよいクラスを作らなければ、今後の学級経営にとんでもなく差し障ります。特に男女の中を険悪の状態にすることは未然に防がなくてはなりません。これをないがしろにしてしまうと、１年間辛いものになります。そこで、男女で仲が悪い学級では、年度初めから男女の仲を深めさせるように工夫することが必要です。

・アイスブレイクのルールについては教師がしっかり理解します。

　教師の説明がぶれたり、あやふやであれば、余計な不信感を抱きかねないです。しっかりとした事前の確認をしたいです。

・本書の目指す学級像（P6）と関連づけて語ると子どもが納得のいくものになります。

　このように子どもたちは工夫が凝らされたアイスブレイクを通して楽しみ、ニコニコしながら帰っていきます。

ま と め

　ゲームを通して、心をつなげ、価値を語り、子どもたちにとって楽しく安心できる場所であることを伝えましょう。

対象学年：全学年
所要時間：5分程度
人数：5人〜クラス全員
ねらい：アイコンタクトなどを通して、親しくなる

🙂 ルール説明

● 全員がイスを入れて、しゃがみます。
● 教師の「たけのこたけのこニョッキ！」のかけ声で、子どもは順番に、「1ニョッキ」、「2ニョッキ」、「3ニョッキ」と言います。
● だれかと番号が重なったら負けです。牢屋(例えば、教室の後ろ)にいきます。
● 重なってしまった場合は、もう一度最初から「1ニョッキ」「2ニョッキ」…とスタートします。
● 全員（例えば、30人）で行った際、最後に残ってしまった人（30人目）も負けになります。
● 一定の回数（時間）の内、生き残った人が勝ちになります。
　なお、1ニョッキなどと言う際は、両手を頭の上で合わせ、たけのこを作ります。

POINT

・ やんちゃな子をドンドン活躍させます。
　特に、「たけのこニョッキ」を行うとやんちゃな子が勢いよく「1ニョッキ！！」などど言い始め、重なって牢屋に行きます。すぐ重なってしまうのでドッと笑いが起き、大いに盛り上がります。やんちゃな子が笑いの中心になり、学級を温めてくれるアイスブレイクです。
　そして、繰り返すうちに、人が減り、普段目立たない子どもたちが残ります。目立たないおとなしい子が中心となるゲームでもあるのです。
・ 実態に応じて、ルールをアレンジすることもできます。

　本来は最後まで残った人がアウトですが、全員が立てたらクリアにします。そうすると、みんなで目配せをして成功させようとします。自分だけでなく、周りを見ながら、「協力しよう」という意識が生まれます。成功した人数を増やしたくなるし、「譲り合う」という雰囲気が作られます。それは、言葉でなく、素振りや気持ちに現れ、「目で合図していましたね」「協力しあって素敵です」とほめることができます。ほめることがとても重要です。とにかくたくさん盛り上げましょう。

ま と め

　たけのこニョッキで、大いに盛り上げ、クラスの絆を深めましょう。

対象学年：全学年

所要時間：5分程度

人数：2人

ねらい：手と手のふれあいを通して、仲を深める

🙂 ルール説明

● 2人組を作ります。

　最初は、隣同士がおすすめです。

● お互いの右手で、輪っかをつくります。

　※教師が実際にやってみせる。

● お互いの左手は、人指し指を立てます。

● そのまま、お隣さんと向かい合います。

● 先生が「ダウン」と言ったら、人差し指を相手の輪っかに入れます。

● 「アップ」と言ったら、人差し指を輪っかから出します。

● ダウンのあと（人差し指が相手の輪っかにはいった状態）、先生が「キャッチ」

　といったら、右手の輪っかを閉じます。

● 同時に、人差し指はキャッチされないように急いで抜きます。

● キャッチされたら、アウトです。

POINT

・ひっかけを用意する。

　　子どもがひっかかりそうなキャッチに似ている言葉を入れると

　盛り上がります。

　（例）キャベツ・キャベジン・キャロット・キャット・キャンディ・

　キャスター・キャッチャーなど。

・慣れてきたら、自由に決めさせたり、男女ペアで行わせたりしま

　す。

　「自由に歩き回って、2人組になったら、座りましょう。」

　と言っていろいろなペアで行わせます。

　重要なのは、仲良しの人以外といかに組ませるかです。
「あまりしゃべったことがないなぁと思う人とペアになりましょ
う。」「男女でペアになりましょう。」などと指示を出し、さまざ
まなペアを作らせます。（P22 参照）
・円になって多い人数でもできます。

対象学年：全学年
所要時間：５分程度
人数：２人

👤 ルール説明

● 机を向かい合わせにします。
● ２人組になります。 最初は隣同士で行いましょう。
● 消しゴムを出します。 大きい方の消しゴムを２つの机の境目に置きます。
● 全員両手を頭の上にします。
● プリンと言ったら、消しゴムを取りに行きます。教師の「プップップ、プリン！」の合図で取りに行かせます。

POINT

❶「指キャッチ」と同様にまちがえそうな言葉を入れると最高に盛り上がります。
（例）プーさん、プリント、プリキュア、プラチナ、プラモデル、プロペラ、プードル、ぷっちょ、プーマ、プライド、プッチン…プリント！など。

❷いろいろなペアで行わせます。指キャッチ、プリンゲームの共通点は身体接触があることです。日常的に、手をつないだり、腕を組んだりすれば、抵抗感はなくなり、自然にできるようになります。

❸ストーリー性をもたせて出題するとなお盛り上がります。
　ただ、「プリン」という言葉を言うのではなく、短い話を作ります。（例）「プーさん」が、お店に行くと棚に、「ぷっちょ」がありましたが、それを取らずに、「プリン」を取りました。

　プリンゲームは、指キャッチと同様に手を重ねたり、手をつないだりする接触行為があります。こうしたゲームを繰り返すことで「接触する」ことに抵抗感はなくなり、触れ合うことが自然となります。

ま と め

　プリンゲームを通して、いつでもだれとでも、触れ合うことのできる雰囲気を作りましょう。

プップップッ、プリン！

学級開き2日目①

5 子どもに新しいルールを説明するコツ

リフレーミング

　新年度、子どもたちは、新しい環境になり、不安があります。その状況の中で、教師から一方的にルールを押し付けると、子どもとの関係は悪化します。そのためにも、「なぜルールが変わるのか」などをしっかりと説明することが大切です。

　では、どのように語ればよいのでしょうか。

心理キーワード

リフレーミング

　リフレーミングとは、今の見方とはちがった見方をすることで、それらの意味を変化させて、ものの見方や考え方を変えることです。子どもにとって、環境や教室のルールが変わることは負担になります。なぜなら、変化に対応しなければならないからです。

　しかし、変化に対応する事自体が学びであることを伝えます。

　価値付けることで、負担となるものに前向きに取り組めるようにします。

戦 略 的 実 践

STEP 1 → 当番表や給食のシステムの文書などを配布します。

どうしても、新しい当番や給食などのシステムについて口頭で説明しがちです。しかし、低位の子にとって理解をすることが難しいことがあります。また、口頭では忘れてしまったら、ふりかえることができません。しかし、文書にすることで忘れても立ち返ることができます。

したがって、確実に文字に起こし文書にして説明することが大切です。そうすることで、教師側の伝え漏れも防ぐことができます。

STEP 2 → ルールが変わることは学びであることを語ります。

子どもはこれまで慣れ親しんできたシステムで生活してきました。いざ、新しいルールを示すと抵抗感を示す子どももいます。そのため、**新しい学年になったのだから、新しいルールで生活することが大切であることを語る必要があります**。

新しい教室、学習、生活が始まります。したがって、教室のシステム自体も変えることは自然なことであり、それが学びであることを伝えることで前向きに取り組めるようにします。【リフレーミング】

STEP 3 → 細かい部分の説明を行い、役割を決めます。

STEP2 でしっかりと語ることができれば、子どもは新しい環境やルールについても目を輝かせて聞いてくれます。逆に新しいことに心を躍らせてくれます。そうした理解のうえで、役割を決めます。そして次の頁からのように仕組みややり方を指導していきましょう。

ま と め

変化すること自体が学びであるとものの見方を捉えさせましょう。

6

給食・当番ルールの指導の仕方

社会的手抜き（フリーライダー）の防止

　給食の準備や片づけなどの行為を静かにテキパキと行うことは学級経営を行う上でとても大切です。しかし、給食などの準備・片づけなどで騒がしくなる学級があります。また、時間がとてもかかる学級もあります。これでは、食べる時間もなくなり、また落ち着いた学級にはなりません。ではどのようにしたらよいのでしょうか。

心理キーワード

社会的手抜き（フリーライダー）

　社会的手抜き（フリーライダー）とは、集団の中で作業を行うと、一人あたりの作業が低下する現象を指します。つまり、学級で同じ作業をする際に、その中の数人が作業を手抜きしてしまう現象を言います。

　例えば、給食の準備や片づけをする際に、数人がサボるという現象です。そうした現象を防ぐためには、いつ、だれが、何をするかを明確にすることが効果的です。

給食編

戦略的実践

早く静かに準備や片づけを行うために、気をつけている点は以下の通りです。
❶いつからいつまでに何をするかを明示する。
❷名前入りのルーレットでだれが何をやるかが一瞬でわかるようにする。
❸配膳をウエイトレス式にする。

STEP 1 → いつからいつまでに何をするかを明示します。

P38 の表では給食当番は、「12 時 10 分（4 校時終了時刻）に給食セットに着替えて…」とあります。また「12 時 20 分からいただきます」と書いてあります。このように給食を準備する時刻と食事を開始する時刻を明記します。

そうすることで、学級の子ども一人ひとりがいつから、いつまでに何をするかを理解し、全員がしっかりと活動することができます。【社会的手抜きの防止】

これを、学級開きの 2 日目で子どもたちに示すことができるとよいです。

POINT

・あらゆる日課にも対応できるように指導します。

　イラストにあるように分刻みで行うように指示します。また、短縮日課や全校朝会日課などの場合も掲示します。さまざまな場面にも子どもが対応できるように徹底的に示されることで、子どもたちが混乱なく活動することができます。

STEP 2 → 名前入りのルーレットでだれが何をやるかが一瞬でわかるようにします。

全体の動きを示し、次に、個人個人の役割を明確にします。その際に有効な手立てとしてルーレットがあります。

ルーレットの中には、内側に学級の子ども全員の名前、外側には役割（温食缶、パン、麺、ご飯など）が

書いてあります。つまり、誰が何をするのかもれなく書いてあります。そうすることで、各自の役割が明確になります。【社会的手抜きの防止】

STEP 3 → 配膳をウエイトレス式にします。

　配膳をウエイトレス式にしましょう。おそらく、多くの学校では、全員が並び、カップやおかずをもらう形式（バイキング式）をとっていると思います。しかし、これでは、長蛇の列ができ、騒がしくなります。また、効率もたいへん悪いです。そして、なによりホコリが舞い衛生的によくありません。

　そこで、ウエイトレス式にします。一人がウエイトレス役となって班全員の給食をすべて持っていく方式です。

POINT

- 一人の役割がやや重い程度の仕事量にします。
　　人数や学年によりますが、例えば高学年であれば、一人あたり４〜５人分の配膳量が適切です。一人の役割が重いほど、子どもたちは熱心に運んでくれます。逆に一人あたりの役割が軽いと手を抜いてしまいます。【社会的手抜き】
- 感謝の言葉をかけ合うように働きかけます。
　　ウエイトレス式では、「ときには、仲間のために持っていき、ときには持ってきてもらう」というお互い様の関係を生みます。
　　お互いに感謝の気持ちをもつように働きかけます。自然と「はい、どうぞ。」や「ありがとう。」というやり取りが生まれるなど、親和的な雰囲気を作ることができます。
- 持ってきてもらう子には読書をさせます。
　　配膳以外の子は、はっきりいって暇です。その時間をつかって読書をさせます。静かに、座って、学習させます。立ち歩いたり、おしゃべりしたりはさせません。最低限度のマナーとして指導することが大事です。

留 意 点

とにかく、食事のマナーに気をつけさせます。静かに、姿勢を正して「いただきます。」をさせます。度が過ぎるおしゃべりなどは「食に対する感謝」の側面から適切ではないと語ります。食に対する感謝をもてる学級に育てましょう。

STEP 4 → おかわりタイムの時間を明示します。

子どもはおかわりについてシビアです。全員が公平になるようにすることが大切です。そこで、おかわりタイムを必ず設けます。

おかわりできる条件は、

❶**すべて食べきった人**

ただし、おかわりも全部食べきれる自信がある人です。自信があっても、結果食べきれなかったら、次回からは参加できないことを告げます。

❷**基本、一人一品**

ただし、他のものが余っていて、だれもおかわりしない場合は、一品以上おかわりをしてもよいでしょう。

❸**公平にじゃんけんで決める**

このようなルールや決まりを明確に文字にすることが大切です。

・準備・片付け・食事中などで問題点があれば、話し合いをもうけ改善していくようにします。

POINT

教師の願い（食事のマナーなど）や細かいルールやきまりをとにかく文字にすることです。こうした工夫の結果、とても静かに、そして速く給食の準備・片付けを行うことができます。節度ある給食指導を心がけましょう。

当番 編

戦略的実践

　学級開き2日目では、原則当番を決めます。なぜなら、早い段階から、自分たちで運営できる学級にするためです。その際に、次のような手順で決めていきます。

STEP 1 → 当番活動を行う目的について語ります。

　まず、どのようなことでもそうですが、なぜ行うのかをしっかりと子どもたちに語ります。やらされるものであるという印象を与えてしまっては、せっかくの活動の意味がなくなってしまいます。したがって、行う目的をしっかりと伝えます。

❶当番活動は、必要不可欠なもの
❷当番活動は、みんなで力を合わせることを学ぶ機会であること

　当番活動は、学級生活をする上でなくてはならないものです。例えば、学級で必要なプリントを職員室前の棚から教室に持ってくる人や素早くプリントなどを配布する人がいなくては、学級のみんなが困ります。したがって、当番活動の必要性を語ります。（❶）

　「当番活動を、先生が行うか、みなさんが協力して行うか」を問いかけます。「先生がすべて行う場合、みなさんは楽です。しかし、成長はありません。何もしなくてよいのですから、学ぶ機会はありません。たしかに、みんなで力を合わせて行うと少し大変です。でも、みんなで力を合わせることを日々学ぶことができます。」と当番活動を通して、育てたい力をしっかりと伝えます。（❷）

STEP 2 → 役割を決めます。

　プリント（P39参照）に記載されている仕事内容を説明し、役割を決めていきます。本来は、子どもたちだけで、決めてもらいたいですが、年度初めは教師主導で行います。また、学年や子どもの実態に応じて、自分たちで行ったり、教師が行ったりします。そして次のポイントに気をつけて当番表を作成することが大切です。

POINT

- 当番内容を細かくプリントに記述します。

　学級全員がわかるように、内容を細かく書き記します。忘れても、このプリントを見ればわかるようにします。「何をするのでしたっけ？」という子どもに対して、「当番表を見よう」と自分で解決するように働きかけることができます。細かいことですが、忘れても教師を頼ることなく自分で解決する力がつきます。

- 必ず、一人一役とします。

　全員が必ずどこかの役割があたります。役割意識ができ、全員が活躍することができます。【社会的手抜きの防止】学級はみんなで動かすものだという意識を育みたいです。

- 当番をする時刻やタイミングを明確にします。

　そうすることで、当番のし忘れが激減します。また教師は時刻やタイミングが決まっているので当番のし忘れがわかります。当番の子どもに声をかけることができます。

STEP 3 → 名前が入った当番表はすぐに掲示します。

　当番が決まった後、休み時間にコピーしてきて、その日の内に掲示します。そうすることで、決まった直後から当番が機能することができます。学級開き2日目には、決めておくことをおすすめします。これはP33の給食編も同じですが、なるべく早めに決めてしまうことで、「学級は自分たちで動かすものである」という意識が強く残ります。

給食の流れ （例）

静かに、マナーを守って食べましょう！

12：10 ～給食当番は、給食セットに着替えて、給食の準備！給食ルーレットを見ましょう！！

※給食当番以外は着替える必要はありません。
　給食セットは机のフックにかけてよいです。
　ただし、給食当番の班は、給食当番があった
　週の週末に忘れずに持ち帰る！！

12：20 ～姿勢を正して「いただきます。」

（「いただきます。」の後、自分で）
①食べきれないと思うものは減らしてもよいです。一口以上は食べましょう。
②あきらかに周りより少ないというものがあれば、増やしてもよいです。

12：35 ～おかわり・デザート OK タイム

①「おかわりする人いませんか？」と全体に問いかけます。
②じゃんけんで決めます。
※基本、一人一品だが、余っている場合は、一品以上おかわりしてもよいです。
※原則、食べた人のみだが、食べきれる自信がある人も参加 OK ！
※カップやおかずが大量に余ったときは、先生が配ることもあります。
※もちろん、食べきれた人は、デザートを食べてよいです。

12：40 ～ごちそうさま

◎12：40 になったら片づけできるように食べきりましょう。
どうしても食べきれない場合は、食べ続けてもよいが、給食当番のことを
考えて、素早く片づけましょう！！

12：45 ～清掃！！ 　□忘れ物はないですか？
　　　　　　　　　　　　　　□先生の机はしっかり拭きましたか？

38

一人一当番表（例）

	担当者	当番名	いつ	仕事内容
1		学級ボックス 朝	8:10 までに	職員室前の学級ボックスを取りに行く。
2		学級ボックス 帰り	給食準備中	上と同じ。しかし、再度、学級ボックスを見に行く。なお、帰りの会が最後の授業後すぐに行われるので、以下の通り動く。5時間授業…昼休みが終わったら学級ボックスへ 6時間授業…5時間目が終わったら学級ボックスへ
3 4		牛乳パックの バケツ用意 ・片付け	給食準備中	バケツを2つ用意する。一つ目は水を入れたもの。もう一つは空のもの。雑巾2枚を用意する。給食が終わったら片付ける。例年、床が水浸しになる。2つのバケツをくっつける。最後、きれいにふき取る。
5		牛乳パック運び	給食準備中	乾いた牛乳パックを白いかごに入れ、中央玄関に持っていく。
6		かご洗い	水曜日、給食準備中	かごをスポンジで洗う。
7		日付・時間割	さようならの後	日付・時間割を変える。
8		ルーレット	さようならの後	すべてのルーレットを回す。(掃除のルーレットは週末)
9 10 11 12		配達人	給食準備中や空いている時間	返却ボックスに入っているものを配る。
13		掲示・電気	教室に入ったら 教室を出たら	電気を朝しっかりつける。掲示物をしっかり貼る。
14		お助け	いつも	先生のお手伝い・解答配布など・プロジェクターのスイッチが切れているか確認。算数のプリント配布。
15 16		カーテン	さようならの後	忘れずに、カーテンを開ける。
17		宿題・家庭学習調べ	朝学習の前	宿題・家庭学習の提出数を数える。掲示している数とノートやプリントの数があっているか確認する。
18				宿題を忘れていたら「宿」、家庭学習→「家」
19 20		サポーター	いつも	他の当番のサポート。給食配膳を行う。
	保体委員	ティッシュハンカチ・健康調べ	朝の会	ティッシュ・ハンカチ・健康調べを行う。順番は、保体委で決める。

黒板消し

1時間目終了		
2時間目終了		
3時間目終了		
4時間目終了		
5時間目終了		
6時間目終了		

※授業開始のチャイムが鳴っていない場合は先生が消してしまうので、ご注意ください。

学級開き2日目③

7 次の授業準備の指導をする

即時確認の原理

　円滑に授業を進めるために、授業の準備を意識させ、しっかりと行わせる必要があります。5分休憩や休み時間に次の準備を意識できる学級にしましょう。そうしたことをないがしろにしていては、せっかくのよりよい習慣づくりの機会を奪っているのに等しいと言えます。ぜひ、次の学習の準備を行う学級に育てていきましょう。

心理キーワード

即時確認の原理

　即時確認の原理とは、ある行為をする際にすぐに確認（フィードバック）することでどこがまちがっているかがわかり、改善される原理のことです。今回は、次の学習の準備という行為をその場ですぐに確認します。準備できていない子どもがいれば、すぐに行うように働きかけることで改善を期待します。

フィードバック

戦 略 的 実 践

STEP 1 → 号令の後に、「次の準備をしましょう。」と呼びかけるルールを入れます。

　学習が終わったら、日直が「これで、○時間目の学習を終わります。」といいます。全員で、礼をします。そして、すぐに休み時間にするのではなく、一言「次は、○○（教科名）です。○○の準備をしましょう。」とつけ加えます。

　こういった習慣から、確実に全員が次の準備をするということに気がついていきます。

STEP 2 → 次の学習の準備ができたら、「できました。」と呼びかけるルールを入れます。

　「次の準備をしましょう。」と日直が言います。礼が終わったら、すぐに次の準備をするのですが、準備できた子どもは、はきはきとした声で、「（準備が）できました！」と教師や仲間に伝えるというルールをいれます。つまり即時に、できたかどうかを声などで確認します。【即時確認の原理】また、教師も、その声に応じて確認します。そして、なによりすぐに席を離れてしまった子も、他の人の声などを聞いて気づく場合があります。

　5分休みが終わり、次の学習の挨拶があります。その際に、「準備ができた人は手を挙げましょう」と再確認します。また、「できなかった人は、手を挙げましょう。」と言い、準備ができなかった理由を聞きます。その場ですぐに再確認することで、授業準備の定着を図ることができます。

　学級にほどよい緊張感をあたえ、ルールを守ることの重要性を伝えます。なお、習慣化されれば、毎時間行う必要はありません。年度始めや休み明け、また様子をみて行いましょう。

準備できた？

POINT

・移動教室の場合は、とばして次の教科を言います。

　　例えば、これから体育の授業があり、その次が社会科だとします。体育では、机上を準備する必要はありません。そこで、体育の次の社会の準備をさせます。そうすることで、体育が終わった際に、すでに学習の準備ができているというようにします。

- 教科書のレイアウトを厳守させる。（下記参照）
  準備をするといっても、どのようにすればよいかわからない子ど
  ももいます。したがって、具体的に細かく決めることで、理解が
  進みます。そこで、机上のレイアウトを示します。

例えば、下記のようなレイアウトを例示します。
- ●右利きの子は、筆記用具を右上
- ●教科書、ノートは閉じて左上に置く

※閉じる理由は、中休みなどを挟む際に、邪魔になるからです。また、授業は
じめにプリントなどを行う場合があるので、閉じた状態にします。なお、閉じ
るといっても、教科書（本時で行うところ）にノートを挟めるように決めてお
きます。こうしたことで開かずとも、瞬時にノートと教科書を開くことができ
ます。

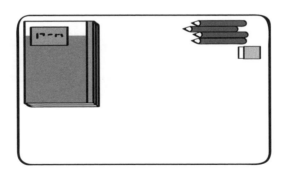

　このように次の授業準備を行うことで、次の活動を意識した学級に育ちます。
またそのような活動に価値があると語ることが大切です。

ま　と　め

　次の授業準備のルールを細かく決め、学級を育てましょう。

8 授業時間の流れを示す

スキーマ

　学級開き2日目は、授業が行われます。私が初任の頃は、最初の授業なので、「おおよその1年間の流れの説明程度でよいだろう」といい加減に思っていました。そして、教科書をパラパラめくるなどで1時間を終えていました。それでは、子どもたちにいい加減な授業をするのだという印象を与えかねません。いざ本腰をいれた授業で、子どもたちは、その差に少なからず戸惑うことになります。つまり子どもたちが困らず、理解が進むように意図的に初回の授業を考えなくてはいけません。

心理キーワード

スキーマ

　スキーマとは、同じような経験から無意識に形成される枠組みや知識のことを言います。1時間の授業の流れをおおよそ同じにすることで、子どもたちの中にスキーマ（枠組み）が形成されます。そのスキーマによって子どもたちが見通しをもって学習に取り組むことができます。効果的な学習をすることが可能になるのです。

戦 略 的 実 践

> 初めの授業はあえて、「普段の授業」と同じように行います。

　それぞれの教科には、それぞれの授業の進め方があります。話し合いがあったり、漢字スキルを行ったり、ノートまとめを行ったりさせます。最初の1時間では、普段の授業と同じ「流れ」で行います。その都度説明を入れながら、授業を行います。例えば、算数であれば、話し合いのルールを行います。理科であれば、ノートの取り方をしっかり指導します。

　初めての授業で、1時間の「流れ」を教え込むと次の日から子どもたちの中に、授業の型が形成されます。【スキーマ】授業の型をほとんど変えず授業を行うことで見通しのある授業展開が可能になり、子どもの理解が進みます。例えば、算数であれば、日付、教科書の頁、課題、自力解決場面、グループの話し合い場面、まとめ、という「流れ」を原則として提示します。そうした見通しのある学習展開をすることで、自閉傾向のある子も安心して取り組むことができます。したがって、早いうちに学習展開の型を教えることが大切です。

POINT

- 授業の流れについては、言葉ではなく、実際に進めながら教えます。
　日付の書く場所、話し合いのしかたをやりながら教えていきます。言葉だけは理解はできません。時間がかかってもゆっくりと体験をともなって教えることで理解が深まります。
- 授業を通して学級経営をするという意識をもって行います。
　学校生活のほとんどが授業です。授業を通して学級経営を行うという意識をもたなくてはいけません。曖昧な授業ルールでは、あいまいな学級になります。事細かに決めたものを提示する必要があります。

ま と め

「流れ」を示し、同じような流れの授業から学級経営へとつなげましょう。

9 休み時間を使って親しくなる

ソマティック概念

　新年度は多忙を極めます。新しい学級ルールや給食、当番の指導などやらなければならないことがたくさんあります。それにともなって教師も休み時間に業務があり、子どもとのつながりをおろそかにしがちです。しかし、4月の初めに、意図的にでも子ども同士や教師と子どもをつなげる必要があります。教師はどのように休み時間をつかっていけばよいのでしょうか。

心理キーワード

ソマティック概念

　ソマティック概念とは、体と心がつながっている概念のことです。つまり、体の接触やアイコンタクトなどの体のつながりを通して、心もつなげることができます。今回は、アイスブレイクなどの短いゲームではなく、休み時間などを使ってダイナミックにかかわることを通して、より子ども同士を親密な関係にしていくように働きかけます。

戦 略 的 実 践

> 中休み、昼休み、どちらかで構いません。全員で遊びましょう。

　P17 でも述べましたが、初日に仲よくすることの大切さを伝えました。そして初日にアイスブレイクを通して、概ね理解を促すことができました。そこで、２日目では、より時間も長く、広い場所を使って全員で遊ぶことの楽しさを感じさせることが大切です。その絶好の機会が休み時間の全員遊びです。

> 強制するのではなく、しっかりと問いかけることをします。

フレーズ ▶

「全員遊びをして、仲を深めるか、深めないか。」
このように一度問いかけます。「教師の望む学級像」として、初日に語っているので、ほとんどの場合納得してくれます。

　遊ぶゲームは全員遊びの鉄板がよいでしょう。
・手つなぎ鬼・氷鬼・レンジでチン鬼・島鬼など
　以下の条件が最適です。
　１．物を極力使わない。
　２．ルールがシンプル。
　３．身体接触があるもの。
　このような条件の遊びを通して仲良くする意味を運動（体）を通して、心をつなぎ合わせることが大切です。【ソマティック概念】
　特に高学年になると男女を意識して手をつなぎたくないなどと言う子がいます。しかし、こうした実践を通して、当たり前のように腕を組んだり、手をつないだりする学級になります。男女の仲が深まり協力するという土壌が形成されると、男女の違いを発揮し、さまざまな課題を乗り越えるたくましい学級に成長します。

ま と め

休み時間を一緒に遊ぶことが恥ずかしいという考えを変え、ドンドン一緒に遊ぶ楽しさを実感させましょう。

10 教科リーダーを作って、学級に貢献する意識を育てる

自己有用感

　これまで私は授業に必要なものはすべて自分で用意していました。例えば、書写であれば、半紙、水黒板、新聞紙、ごみ袋、練習用のワークシート（なぞり書き、骨書き…）などなど。汗をかいて準備していたのを思い出します。でも、これらは、子どもが準備してもいいのです。むしろ、すべきです。自分の学習は自分で準備する意識を育てることが大切です。

心理キーワード

自己有用感

　自己有用感とは、「自分の存在が周りの人の役に立っている」つまり貢献していると認識できているときに抱く感覚のことです。毎日行われる授業の準備などを子どもたちが行い、学級に貢献していると実感することを通して、自己有用感を育むことがねらいです。

戦 略 的 実 践

　教科リーダーを組織します。教科リーダーとは、担当する教科の準備、片付けなどを行う組織です。例えば、書写の準備、片づけなどを行う班を作成します。

POINT

教科リーダーを組織するポイント
- 子どもができるような準備・片付けなどを決めます。
　　すべてを任せていはいけません。例えば、理科などの薬品などは決して準備させてはいけません。安全に十分留意することが大切です。
- 教師が思いつく限りの仕事内容を明記します。
　　子どもたちは、何をするのかできるだけ明記されている文書をもとに一生懸命活動を行います。
- 全員が参加できるように人数を調整する。
　　なるべく、全員に学級のための役割があり、学級のために働いているというように感じさせることが大切です。

　教科リーダーの実践によって、授業準備のほとんどを子どもたちが準備しています。特に、私の学級では、授業の準備、学習のめあて（授業態度について）、振り返り、タイムスケジュールなども子どもが行います。

　休み時間には黒板に学習のめあてとタイムスケジュールを書きます。片づけの時間になれば、リーダーのだれかが、「もう、時間です。片付けと掃除をしましょう。」と言って自分たちで勝手に掃除します。その間、私は、子どもたちの様子をじっくりと観察します。そして、素晴らしい働きぶりを子どもたちに伝え、ほめます。

　これまで、私がすべて準備していました。そうなると心に余裕ができないです。時間通りに動かない子どもにイライラするかもしれません。

　ところが、授業準備という活躍の場を与え、さらにほめることもできます。また、子どもたちは、学級のために自分が活躍していることを自覚することができます。【自己有用感】

以前はイライラなどの負のエネルギーを与えていたところが逆に、正のエネルギーを与えることができます。これはとても大きな差となって、学級の状態を左右することになります。

POINT

- 4月5月にきっちり指導します。

  学級経営、授業開き、なんでもそうですが、初めが肝心です。

  初めにがっちり指導しないと、効果は激減します。きつめに指導しましょう。

- 自主性を最高に重んじます。

  やるべきことはしっかりと指導はしますが、やるかやらないかは自分たちだという「スタンス」で行います。ほとんどの子どもたちは「自分たちでやります！」と言います。うまくその方向にもっていきましょう。

- 授業時間に食い込ませないようにします。

  子どもがめあてを書きます。最初は、時間がかかったり、滞ったりします。授業時間に食い込むことがあるかもしれません。しかし、授業時間を守ることはとても大切です。

  したがって、

①「5分休みの間にできますか？」と問いかけ、工夫するように働きかけます。ただし、休み時間を使いなさいと強制するのではなく、あくまでも自主的に行うものというスタンスが重要です。子どもにとって休み時間をつぶされることは、最悪です。しかし、自分たちの授業は自分たちで用意することやクラスのために働く大切さをもてるようになると、自然と休み時間をつかって書きます。

②間に合わなかったら、途中でもよいから終わらせます。次回工夫するように働きかけ、時間を守るという意識をもたせます。

まとめ

授業の準備や片付け、進行をまかせ、子どもの有用感を育てましょう。

教科リーダー （例）

【国語、書写リーダー班】
　5名
〈書写の場面〉
- ごみ袋の用意
- 下書き用の用紙の用意
- 清書用の半紙の用意
- 清書の新聞の用意
- 片づけの指示
- 掃除の指示
- 練習時間や掃除の時間を黒板に書きこむ
- めあての発表
- 振り返り
- 作品の掲示

などなど

【理科リーダー班】
　5名
- 実験の用具の準備
- 理科室のチェック　理科室の5年生責任者！
- 片づけの指示
- ★時間があれば…→2時間続きの時など。
- （● めあての発表）
- （● 振り返り）

【図工リーダー班】
　4名・めあて、振り返り
- タイムスケジュールを黒板に書く
- 物の準備
- 作品
- 片づけの指示

【家庭科リーダー班】
　4名
布の配布、回収、管理
ミシンの用意の手伝い
料理の準備

【道徳リーダー班】
　3名
- みんなとの絆を深める活動

1組と合同で行わなくてもよいことにします。
※会社活動の代わりに全員での交流を行います。
　時間を有効に使いましょう。
- 全員遊び
　体育館を使用する場合→1組と重なる場合はあります。重なったらうまいこと打ち合わせしてください。
　室内レクをする場合→とくに1組との調整はなし。

朝の会で連絡しましょう。
もちろん、予定が入り、できない場合があります。その場合は、違う日にあらためて行いましょう。

条件：みんなが参加できるように工夫する
　　　みんなが楽しめるように工夫する
　　　みんなは楽しむように前向きに取り組む

11 学級目標は2日間かけて、じっくり考える

自己決定感

学級目標は、学級の1年間の指標になります。ときには、立ち返り、また奮起するための大切なものです。たしかに、時間的にも物理的にも難しい場合、教師が用意したものを子どもに提示して決める方法を取るかもしれません。しかし、私は子どもたちが考え、決めることが最適だと考えます。

心理キーワード

自己決定感

　自己決定感とは、自分たちで決めたことはしっかりと守ろうとする心理作用です。学級目標を決めたはいいけれど、全然、意識しない学級になりがちです。しかし、それでは決めた意味がありません。子どもたちは、自分で決めたことはよく守ろうとします。そこで、学級目標を自分で決め、目標に向かって行動することをねらいとします。

戦 略 的 実 践

STEP 1 → 「学級目標を決めませんか？」と問いかけます。

　本来は、子どもから「学級目標は作らないのですか？」と聞いてくれるのがとてもよいです。しかし、子ども自ら率先して、「学級目標を決めよう。」と言ってくる学級はほとんどありません。そこで、新年度が始まって、数日のうちに、学級代表委員（２名）を組織しておきます。その子どもたちに、こっそり「**学級目標って決めないの？**」と打診します。

POINT

> ・ひっそりと打診します。
> 　　学級は自分たちで作っていくものという意識を作るために、教師から「全体に」提案するという形をなるべく取りません。学級代表委員の子どもに声をかけ、学級代表委員の子どもがみんなに呼びかけます。
> ・本来は自ら提案することを伝えます。
> 　　学級代表委員の子どもには、「本来は、学級から声があがるといいんだけどね。」と、本来あるべき姿を示すようにします。
> ・４月中に基本的に決めます。
> 　　学級目標は、学級の目標や指針になります。なるべく早い段階で、決定し、学級をどのようにしたいかを考えさせることが大切です。

STEP 2 → 話し合いをする前に、どのように話し合うかを子どもたちと相談します。

　司会進行表の枠の中を子どもに書かせます。ただ、初めて書く子どもが多いでしょう。教師が助言などを行い、一緒に書き進めてもよいかもしれません。（詳しくはP68〜P71に書きます。）

例えば、議題、提案理由、話し合うこと①、②を以下のように考えます。

> 議題：学級目標を考える
> 提案理由：心を一つにして、よりよい学級にするため
> 話し合うこと①：どんな学級にしたいかを考える。【学級像】
> 話し合うこと②：学級目標を考える。【スローガン】

STEP 3 → 実際に話し合いを行います。

クラス代表者が中心となって、話し合いを進めます。「議題、提案理由、話し合うこと①、話し合うこと②」を黒板に書きます。そして、司会者のはじめの言葉から話し合いを始めます。

うまく進行できない場合は、教師の介入が必要になります。必要に応じて介入していくことが大切です。優れたものが出てこない場合も考えられます。

その際は教師側から、

フレーズ → 「もう一度考えましょう。君たちはもっと考えられるはずです。」と助言します。「どんな、クラスが一番だと思う？」などと問いを繰り返し、学級にとってもっとも優れた学級像を引き出します。

STEP 4 → どのような学級（学級像）にしたいのかを決めます。

さまざまな学級像が子どもたちから出てきます。すぐには１つに絞らせません。どれも優れたものです。上位３つのものを決めるように助言します。そして３つ選ぶために議論します。

STEP 5 → 学級目標（スローガン）は、次の日に持ち越します。

学級像（話し合うこと①）が決まったら、次は、話し合うこと②について話し合います。つまり、学級目標（スローガン）について話し合います。

　学級目標は話し合うこと①で考えた学級にするための合言葉です。いくつか学級目標が出てくるでしょう。しかし、ほとんどの場合、誰もが思いつくようなものです。なぜなら、1時間という時間で考えたものだからです。優れたものは期待できません。

　そこで、次の時間（翌日）に改めて、学級目標のみを考える時間をとることにします。

STEP 6 → 見本のスローガンを用意します。

　教師は、次の日までに優れた見本となるスローガンを調べておきます。素晴らしいスローガンをプリントアウトし、子どもたち全員に配布します。それらを参考にして、決めさせます。毎年のスローガンをストックすることをおすすめします。

POINT

- 教師が学級目標に対して本腰を入れ、学級目標は学級の一年を決める大切なものというその意気込みを見せることが大切です。そうした姿から子どもたちは感じ取り本気で考え作り出します。
- 長くても、2日（2時間）で終わるようにしましょう。
あまりにも長すぎると、だれます。したがって、2時間で終えるようにしましょう。こだわりすぎて時間がかかってはいけません。子どもの視点に立ち、時間を決めて取り組みたいものです。

ま　と　め

　子どもとともに、こだわりぬいた学級目標にしましょう。

12 新年度開始1ヶ月間、特に 注意すべきことは、子どもの「言葉」

メタ認知

　子どもの言葉に注目することはとても大切です。人は、言葉を通して思考します。言葉が乱れれば、思考が乱れます。乱れた思考は、教室の荒れへとつながります。つまり、教室の荒れの原因のほとんどが「乱れた言葉」によるものです。この言葉の重要性に気をつけなければ、トラブルが多く、いじめがはびこる学級へとなってしまいます。裏を返せば、言葉に細心の注意を払うことで、多くの問題を予防・解決することができます。

　では、どのようにして、注意を払ったり、子どもに声をかけたりすればよいのでしょうか。

心理キーワード

メタ認知

　メタ認知とは、自分を客観的に見ることです。子どもたちは、基本的に自己中心的に物事を考えがちです。自己中心的なものの考え方は、相手への思いやりや配慮に欠ける行動を引き起こします。そこで、自分を客観的に見るように働きかけることが大切です。特に、自分の言葉が相手にどのように伝わっているかを意識させることで、適切なコミュニケーションの取り方を学びます。

戦 略 的 実 践

　言葉に細心の注意を払います。初日に語った「叱るポイント」の一つである、相手を傷つける言葉を発していないかを注意深く教師が見ることがとても大切です。こうした、教師の意識によって、概ね言葉遣いは改善します。

　しかし、中には微妙な言葉もあります。内容自体に問題はないけれども、言い方がキツかったり、話の流れ上、相手によっては気にしたりする場合があるときです。**微妙な言葉遣いのときは、微妙であることをそのまま伝えます。**教師が正直に、「今の言葉は、先生は微妙だと思うな。」と伝えてあげればよいのです。「ダメとは言わないけれど、もしかすると相手にとって不快な言葉かもしれない。」と補足してあげます。そうすることで、子どもは言葉を意識します。

　そして、教師という大人の視点にたって、言葉を使えるようになります。【メタ認知】つまり、客観的な視点にたって、言葉を選ぶようになるのです。

POINT

- 休み時間、掃除など、子どもの自由度が高いときほど注意が必要です。
- 指導に納得がいっていない場合は、初日に言った「叱るポイント」（P18）を想起させます。そうすることで、子どもにとっても納得感のある指導になります。
- じゃれていると称して押したり引っ張ったりする行為も注意します。とにかく、「大人」として振る舞うことを意識させます。そうした場合、その行為は、適切かどうかを考えさせることが大切です。

ま と め

　客観的な視点で自分を捉えさせるように働きかけましょう。このような指導で自分を客観的に捉えた言動をするようになり、自分の感情のままに発言したり、行動する子どもが少なくなります。子どもたちが安心で安全な学級が形成されます。

13 聞く姿勢を効果的に指導する

沈黙テクニック

　私が、学級経営をする上で言葉の次にとても大切にしていることは、「聞く姿勢」です。なんだそんなことか、と思われるかもしれません。しかし、あらゆる教育活動の基礎基本的なことだと思っています。「姿勢」と聞けば、大変簡単そうですが、私はとても難しいものだと思っています。「教師の話を聞く」、「友達の話を聞く」などができなければどんな活動もできません。学級の自治活動もできません。　なぜなら、お互いに話を聞き合わなければ、自分たちで行動する集団になることはできないからです。

心理キーワード

沈黙テクニック

　沈黙テクニックとは、沈黙することにより、緊張や不快感を与え、相手の行動を変えるスキルのことです。まず、相手の行動を変えようと思えば、言ったり、行ったりすることを思いつきます。

　しかし、沈黙することもれっきとした指導技術です。沈黙するテクニックを通して、子どもを効果的に変容させる手立てを考えていきます。

シーーーン…

戦略的実践

STEP 1 → 聞く姿勢の大切さを語ります。

何よりまず姿勢を正す意味を子どもに説明します。姿勢を正すことで、話す側がとても話しやすいこと、話し合いなどが円滑に進むことなどを伝えます。

STEP 2 → 教師は、全員が姿勢を正すまで待ちます。

私が日常的に、子どもにほめたり、指摘したりするなかで、特に意識しているのが、「教師が子どもの姿勢がよくなるまで話さない」ことです。「手遊び、物を持っている・膝に手を置いていない」そんな状態では、話さないことを徹底的に行います。【沈黙テクニック】こうした教師の態度から子どもに、「先生は、話を聞く姿勢が整わないと話し始めないんだ」という、理解が広がります。

STEP 3 → 子どもにも沈黙テクニックを使用させます。

これは、教師だけの話ではありません。子どもにも沈黙テクニックを使用させます。つまり、号令の際、姿勢を正したのを確認してから話すように指導します。全員が自分の方を見る姿勢になったら話す。これを4月の頃から指導します。

よく子ども同士で「〇〇さん、姿勢を正してください。」と言わせる実践がありますが、私はしません。なぜなら、子ども同士の関係が悪化するからです。一人の子どもが30人の子どもに対して公平に注意することは難しいです。注意された子どもにとって、「なぜ、私（俺）だけ」と思ってしまう子がいます。そうすると、不公平感が募ります。

POINT

- 姿勢という形だけを守らせるのではなく、なぜ大切なのかをしっかり伝えることです。姿勢を正すことは、相手への配慮であることも合わせて伝えていきましょう。

まとめ

待つことを意識して、聞く姿勢を育てましょう。

14 夏休み明け　初日の語り

初頭効果

　夏休み（２学期）の初日も新年度と同様に、戦略的に実践することが大切です。春休みよりも長い期間、子どもたちは学校に来ていません。２学期を子どもにとって充実したものにするためには、戦略を同じように練る必要があります。しかし、新年度には、新年度の戦略を、２学期には２学期の戦略を考えることが大切です。

心理キーワード

初頭効果

　初頭効果とは、最初の印象が相手にとっても強く残ることです。長い休み明け初日に「２学期とは、どのようなものなのか」を確実に語ることで、効果的に子どもに「２学期の過ごし方」を考えさせることができます。

戦略的実践

STEP 1 → 「2学期は1学期（夏休み前）の成長を見せる学期である」
と語ります。

まず、始業式前に教室に入ります。始業式までに数分の時間があります。そこで、**「2学期は、1学期の成長を見せる学期である」**と子どもに伝えます。

子どもの中には、何となくの気持ちで始業式を迎えている子もいます。こうした語りによって、2学期の過ごし方について考えるきっかけを作ったり、2学期頑張ろうと意欲を喚起したりすることができます。初日に語ることで効果は高くなります。【初頭効果】

また、学級の実態によっては、学級目標に立ち返ると効果的です。学級目標をものさしにして「これまでの様子」と「これからの過ごし方」について考えさせます。

STEP 2 → 成長した場を早速見せるチャンスが始業式であることを
伝えます。

続いて、教師は、

▶ **フレーズ** ◀

「早速、成長したことを披露する場が用意されています。なにかわかりますか。」
と問いかけます。

ほとんど子どもはわかりません。「初日になにかしなければならないことがあるのか」と不思議に思うはずです。

教師から「答えは、始業式です。まず、皆さんの成長を見せることは、始業式の姿勢です。」と伝えます。

❶始業式には、たくさんの先生方、指導員、支援員、事務の方などがたくさん見ていること。
❷姿勢とは、言葉を使わず、だれにでも自分の成長を伝えることができ、とても便利なもの。

以上のような2点について語ります。

そうすることで、ただ参加する「受動的な始業式」から、見せようと意識が詰まった「能動的な始業式」へと変わっていきます。

STEP 3 → 廊下整列が静かにできるか試し、やり直しをさせます。

　始業式会場の体育館に向かいます。そのときに廊下に並ばせます。

　このときに「静かに並びましょう」とは言いません。何も言わなくても並べるか、試します。

　おそらく、ワイワイ並ぶでしょう。これではいけません。教師は「2学期とは成長を見せる場である。」と語りました。しかし、子どもは、頭の中では2学期の大切さをわかってはいても、実行はできないものです。また、語りだけでは、伝わらない子どももいます。すぐに、

フレーズ→「教室に戻りましょう」とやり直しをさせます。

　当然、しっかり静かに並べる学級のときもあります。しかし、基本的にやり直しをさせます。さらに高いレベルを求めるべきだと思うからです。

STEP 4 → 廊下から教室に戻し、確認します。

　おそらく、廊下から戻した教室は静寂に満ちていると思います。その中で一人ひとりに「先ほど言ったことができているか」を確認します。

STEP 5 → そして、再度並ばせ、ほめます。

　やり直し後は、必ずほめます。できていなくてもほめます。「さっきよりとってもよくなりました」などと前の姿と比べてよくなったと成長を見いだしてあげます。

留 意 点

　この際に、再度並ばせたけれど、出来ていないからといってもう一度並ばせるのは避けたいです。2学期の初日から、何度も叱られては、子どもの気持ちは落ち込みます。あくまで、意識つけさせることを目的とします。

STEP 6 → 「1時間目（始業式）」で子どもの様子を見取ります。

　子どもは一生懸命始業式に臨むことでしょう。その姿を確実に見取ります。
見るポイント
❶廊下歩行：前を向いているか。膨らんでいないか。しゃべっていないか。
❷始業式の姿勢：姿勢を正しているか。目で話を聞いている子はいないか。
以上のことに気をつけながら、見取ります。

STEP 7 → 始業式終了後、教室でほめます。

　そして、「姿勢がよく、話を聞いている人が多かった。」とほめます。
　最初に語っているので、子どもは何がよかったのか、なぜよかったのかを理解しやすいです。そして、さらにほめられることで意欲づけになります。
　このように、1学期の語りとの違いは、成長を見せる場であることを伝え、試し、ほめます。その結果、2学期をよりよくスタートすることができます。また、2日以降の子どもたちはキビキビと活動します。

POINT

　なお、私は、年度初めと同様に始業開始前に下駄箱をチェックします。1学期に指導した靴箱の状態を見ます。靴箱のような細かい部分の情報に学級の状態が表れます。したがって、きちんと見取ることが大切です。また、きちんと入っていれば、教室に入ってすぐにほめることができます。これも、初日のいずれかで必ず触れます。そうすることで、靴箱の指導が効果的に行えます。【初頭効果】

まとめ

　2学期は、どのような学期であるかを伝え、ほめていきましょう。

15 冬休み明け　初日の語り

数字の効果

　最高の3学期を迎えさせることは、次の学年へとつなげるために大切なことだと考えます。したがって、3学期初日もこれまでと同様に語ることはしっかりと考えなくてはいけません。もう学年が終わるので、語る価値はあまりないと思いがちです。しかし、短いからこそ、1日1日を大切にすべきです。戦略的な実践を通して楽しく現在の学年を終え、進級への意欲づけを行いたいものです。

心理キーワード

数字の効果

　数字の効果とは具体的な数字を示すことで説得力が増す効果のことです。ここでは、3学期も残りわずかと言わず、3学期も〇〇日ですと伝えます。具体的な数字を伝えることで、3学期を1日1日大切に過ごすように働きかけることをねらいます。

戦 略 的 実 践

STEP 1 → 3学期は新○学年と呼ばれることを伝えます。

例えば、5年生のクラスを担任していたとします。
教師が次のように言います。

フレーズ

「みなさんの呼び名が変わります。5年生と呼ばれません。なんと呼ばれるか
わかりますか？」

おそらく、子どもたちは、「わからない。」となるでしょう。 教師は、「新6
年生と呼ばれます」と伝えます。現在の学年としてではなく次の学年として期
待されていることを伝えます。

STEP 2 → 冬休み明けの日数を伝えます。

フレーズ

「みなさん3学期はあと何日間ありますか？」と問いかけます。子どもたちは
わからないでしょう。具体的な日数(例えば、43日など)をはっきりと述べます。
おそらく、驚くことでしょう。とても短く感じます。短く感じることで、頑張
ろうという意欲へとつながります。

POINT

日数は、土日祝日を除く日数にします。そうすることで、日に
ちが短くなります。なお、年間行事予定表を見れば、瞬時に数え
ることができます。

留 意 点

長期休業の様子を聞くさいは、あまり楽しかったかどうかを聞かないように
します。家の事情で出かけることができず楽しくなかった子どももいます。い
ろいろな背景があることに留意し、様子を聞くことがとても大切です。

ま と め

次の学年と呼ばれることを意識させ、そして、具体的な数字をつかって意欲
づけを図り、実りのある3学期になるようにしましょう。

日常
心理テクニック

16 学級会を通して、自治的な学級集団に育てる

自己決定感

　子どもを自治的な集団へ育てることは大切なことです。教師が一方的に統率したり、ルールやきまりなどを押し付けるだけでは、子どもは育ちません。また、子どもから大きな反発がきたり、不満が起きたりします。自分たちで問題や課題を出し合い、解決案を模索する活動が大切です。

心理キーワード

自己決定感

　自己決定感とは、自分たちで決めたことはしっかりと守ろうとする心理作用です。外発的動機づけや内発的動機づけの次に注目されている動機づけになります。自己決定をしたものについては自ら進んで行おうとするものです。ルールやきまり、そして、お楽しみ会までのさまざまな内容を話し合うことで、自立して行動する集団へと育てることをねらいとします。その手段として学級会を使います。

戦 略 的 実 践

> **STEP 1** → 話し合う前の段階で、司会進行表に必要事項を記入させます。

議長団（司会者１名、副司会者１名、黒板書記２名、ノート記録１名、掲示用書記１名）が司会進行表を記入します。

なお、それぞれの役割は以下の通りです。

●**司会者**…学級会で司会進行する。

●**副司会者**…司会者の補佐、発言者のチェックなどを行う。

●**黒板書記**…学級の子どもの意見を黒板に書く。

●**ノート記録**…学級会ノートに学級会の様子を記録する。

●**掲示用書記**…A3 の大きい用紙に学級会で「決まったこと」を記載する。

> **STEP 2** → 議長団が前日までに、司会進行表を担任に見せます。

前日までに担任に見せ、わからないことや助言をもらいます。
教師側も、子どもが当日どのように進めるのかを把握できたり、修正したりすることができます。

> **STEP 3** → 話し合い当日の休み時間に議題・提案理由・話し合うことを黒板に書きます。

授業開始時刻までに、議題、提案理由、めあて、話し合うこと①、話し合うこと②を提示します。

●**議題**…名前の通り、学級会で話し合う大まかな内容です。
タイトルといった大まかなもので構わないです。例えば、学級目標を決める際には、「学級目標を決める」や、お楽しみ会の遊ぶ内容を考える際は、「お楽しみ会の遊ぶ内容について」などで構いません。

●**提案理由**…なぜ、学級会として話し合わなければならないのかということを説明します。話し合う必然性をもたせたり、価値について言及したりすることはとても重要なものです。

●**めあて**…話し合いにおけるめあてで、話を聞く姿勢や発言量などで構いません。

例えば、「廊下歩行」についてという議題があったとします。
●**話し合うこと①**…そのクラスの現状がテーマです。
●**話し合うこと②**…「どうするか」を記載し、その現状を解決するための具体策を考えることとします。

　以上のことを〈話し合う前の段階で〉決めているので、それを黒板に書きます。
　黒板に直接書く実践も多いですが、私は大きめのホワイトボードを購入しています。ホワイトボードなので、議長団が一斉に議題やめあてなどを書くことができます。また、移動することが可能です。意見が多く出され、黒板に書ききれない場合はホワイトボードを外し、黒板を広く使います。

STEP 4 ➔ チャイムと同時に学級会を始めます。

　司会者は議題、提案理由、めあて、話し合うこと①、話し合うこと②を言います。そこでは、原則として「出し合う→比べ合う→まとめる」というサイクルで行います。
　「出し合う」とは、文字通り意見を出し合うことです。ブレーンストーミングのことを言います。ここで賛成反対などを行いません。とにかくたくさんの意見を出すことに力を注ぎます。
　「比べ合う」とは、「出し合う」で出された意見について賛成反対を取ることを言います。〇〇に賛成です。理由は～などの話型で意見について議論します。質疑応答を行っても構いません。
　「まとめる」とは、比べ合うことをし、絞った意見を決定する段階です。イメージとしては、比べ合うこととまとめることは連動しています。話し合うことでも同様に「出し合う→比べ合う→まとめる」という段階で話し合います。ここで大切なことは、原則を守らせることです。比べ合うで、新たな意見は基本的に受けつけません。
※ただし、出された意見をまとめた意見などは構いません。

学級会のメリットは

❶現状把握の段階で、教師の意図しない問題点が洗い出されることです。

❷子どもたちから引き出すことで、子どもたちの自己決定感を感じさせることができます。 自分たちで決めたことは守ろうとします。

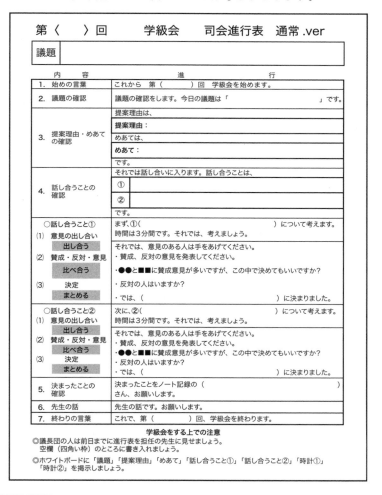

第〈　〉回　　学級会　司会進行表　通常.ver	
議題	

内　容	進　　　行
1.　始めの言葉	これから　第（　　　）回　学級会を始めます。
2.　議題の確認	議題の確認をします。今日の議題は「　　　　　　　　　　　　」です。
3.　提案理由・めあての確認	提案理由は、 **提案理由：** めあては、 **めあて：** です。
4.　話し合うことの確認	それでは話し合いに入ります。話し合うことは、 ① ② です。
○話し合うこと① (1)　意見の出し合い　**出し合う** (2)　賛成・反対・意見　**比べ合う** (3)　決定　**まとめる**	まず、①（　　　　　　　　　　　　　　　　）について考えます。 時間は3分間です。それでは、考えましょう。 それでは、意見のある人は手をあげてください。 ・賛成、反対の意見を発表してください。 ・●●と■■に賛成意見が多いですが、この中で決めてもいいですか？ ・反対の人はいますか？ ・では、（　　　　　　　　　　　　）に決まりました。
○話し合うこと② (1)　意見の出し合い　**出し合う** (2)　賛成・反対・意見　**比べ合う** (3)　決定　**まとめる**	次に、②（　　　　　　　　　　　　　　　　）について考えます。 時間は3分間です。それでは、考えましょう。 それでは、意見のある人は手をあげてください。 ・賛成、反対の意見を発表してください。 ・●●と■■に賛成意見が多いですが、この中で決めてもいいですか？ ・反対の人はいますか？ ・では、（　　　　　　　　　　　　）に決まりました。
5.　決まったことの確認	決まったことをノート記録の（　　　　　　　　　　　　） さん、お願いします。
6.　先生の話	先生の話です。お願いします。
7.　終わりの言葉	これで、第（　　　　）回、学級会を終わります。

学級会をする上での注意

◎議長団の人は前日までに進行表を担任の先生に見せましょう。
空欄（四角い枠）のところに書き入れましょう。

◎ホワイトボードに「議題」「提案理由」「めあて」「話し合うこと①」「話し合うこと②」「時計①」「時計②」を掲示しましょう。

ま と め

学級会の流れを指導し、自治的な学級集団を育てましょう。

17

日記で、子どもと教師とをつなげる

手紙の効果

　高学年になれば、おとなしい子どもによっては、教師と一日に一度も話すことがない場合があります。これでは、なにか悩みやトラブルを抱えていても把握することが難しいです。子ども一人ひとりとコミュニケーションを取ることはとても大切なことです。昔の私は、その重要性にまったく気づかず、何も手立てを打たずにいました。案の定、コミュニケーションを取らない結果、いざトラブルがあっても子どもとやりとりが円滑にいかないことが多々ありました。

心理キーワード

手紙の効果

　手紙の効果とは、話すと恥じらいや緊張しますが、文字にすることで、自分の思いを書くことができることです。教室にはさまざまな子どもがいます。言葉で伝えることが苦手な子もいます。また、人数的に１日で全員とコミュニケーションをとることはなかなかできません。そこで、日記をつかって子どもたちとコミュニケーションを図っていきます。

戦 略 的 実 践

> 家庭学習の一環として、日記を書かせます。

　家庭学習は基本的にノートに書いて提出させます。その学習した頁の最後の数行を使って日記を書かせます。教師に直接、話すことはできないけれど、書くことはできます。

　放課後遊んだ人の名前や楽しかったこと、ちょっとした悩み、家のことなどです。普段直接話さない子どもが、5行、10行とたくさん書いてくれます。教室では、直接会話はないかもしれませんが、日記を通してつながっています。

　また、廊下などで子どもと2人になったときに、会話に困ることがありません。子どもと何気ない会話を楽しくすることができます。

POINT

- 「ちょっとでよい」と伝えます。
　一行程度でよいと伝えます。例えば、「疲れた〜。」でもよいのです。大切なことは、交流することです。「疲れた〜。」という文章に対して、「大丈夫かい？」と返すなどの会話をするような感覚で行うことが重要です。「自分の気持ちを先生に伝えることができる」または、「先生と会話している」と思わせることが大切です。
- プライバシーに気をつけます。
　日記は、個人的な情報が記載されています。自分のことのみならず、家族のことが書かれています。提出させる際は、他の人から見られないように配慮すべきです。その配慮があると、日記に自分の本音を書くことができます。
- 家庭学習のコメントは可能な限りしますと学級通信で伝えます。
　「必ずコメントします。」とすると、いざ出張や行事などでコメントできなかった際に、「どうしてコメントされていないのだろう」と不信感をいだきかねないです。したがって、可能な限りという記述はしておくとよいでしょう。

ま と め

　日記というコミュニケーションツールを使えば、全員の子どもと対話していくことが可能になります。

18

ほめることを可視化する「ほめクリップ」

トークンエコノミー

　元気な挨拶、はきはきとした返事、集中した清掃活動。また、発達障害の傾向のある子どもがいきいきと活躍する教室。多くの教師もそんな空間を作り出したいと思っているはずです。しかし、現実は甘くはないです。ADHD 傾向の子は、落ち着きがなく、いつも姿勢が悪かったりします。一般的には「問題行動には注意、望ましい姿があれば逐一ほめる」などの指導があります。ここでは、私の実践を紹介します。

心理テクニック

トークンエコノミー

　トークンエコノミーとは、ABA 分析（応用行動分析）の理論に基づき行われるごほうびシステムです。教師が子どもに物などを与えることで、望ましい行動をするように働きかけることです。学校の教育活動における望ましい行動に注目し、よりよい学級になるようにすることがねらいです。

戦 略 的 実 践

STEP 1 → 1dL の容器とクリップを用意します。

【用意するもの】
● 1 d L の容器（理科室や算数教材のものでよい）1〜3個
※小さめのコップでもよいでしょう。
● 大量のクリップ（100 円ショップのケース 2〜3 個）

ルール

● クリップの数（基本1つ）、入れるタイミングは教師の裁量に委ねること。
● 最終的に、クリップがなくても行えることを目標にすること。

STEP 2 → クリップをポケットに忍ばせます。

朝、教室に入ったら、おおよそ 20 個程度のクリップをポケットに入れます。

STEP 3 → 日常的にほめ、クリップを入れていきます。

　教室で姿勢がよい、返事がよい、プリントがきれいに並んでいるなど、望ましい行動や素晴らしい姿があれば、どんどん容器に入れていきます。

　以前までは、言葉のみで言われていたことが、言葉とクリップで表されていきます。

　子どもたちはクリップが容器に溜まっていくことをとてもうれしく思います。そうするとさらによりよい行動をしようとします。そして、行動したら教師はまた、クリップをあげるようにします。【トークンエコノミー】このような好循環を生み出すことができます。次頁にあるポイントを確認しましょう。

- 行う意図とルールを明確に説明します。
  言葉でがんばっている姿をほめることはあっても、言葉は目に見えません。そこで、子どものがんばりを見える化したいため、見えるようにクリップで表すことを説明します。

- ささやかなお祝いを用意するとさらに教室は盛り上がります。
  例えば、クリップが容器１個すべていっぱいになったら、席替えをするなどのごほうびを用意してあげます。

- 実践を行うと、「先生、今のクリップ入れてください。」という子どもがいます。しかし、その入れる数やタイミングは先生が決めると、きっぱりと伝えます。さらに、さまざまな状況を把握し、総合的に判断すると伝えましょう。
  あくまでも、「子どものがんばりを見える化すること」が目的であることを再度確認させたいです。

- ドンドンほめ、クリップを惜しみなく入れていく
  「クリップ実践」は最初が肝心です。最初、クリップを出し惜しみすると、うれしいという感情がなかなか起きづらいです。教師は、惜しみなく、むしろ少し過度に入れてあげるとよいです。そうすることで子どもは大変喜び、次の活動意欲をもちます。

- 教室以外でも実践します。
  本実践の特徴は、「クリップ」を使用している点にあります。クリップは、大変小さいため、どこでも持ち運びできます。例えば、トイレ掃除でピカピカに掃除をしていた子どもがいました。素晴らしいと一言添えながら、クリップをトイレで子どもにあげます。後で、クリップをもらった子どもは、容器にクリップを入れることができます。教室以外の行動をほめることができます。

　この実践によって学級は驚くほど変わります。例えば、朝早くみんなのものや机を整頓したり、５分休憩で清掃したりするなど教師が意図していないことまで行います。

　また、ADHD傾向の子は、よく周囲のことに気がつきます。机の椅子を入れたり、トレイをきれいに並べ直したりするなどドンドン優れた行動をします。お手本として活躍します。ごほうびで釣る犬に芸を仕込むみたいな批判がありますが、発達障害の子どもに対して実践されるしっかりとした療育策です。当然、「ごほうび」欲しさがあるかもしれません。

　しかし、ごほうび（クリップ）が与えられない状況でもそういった行動を取ってくれます。　それがなくても教師の温かい眼差しで十分伝わるからです。　自分たちのがんばりを教師が認めているということに、大きな充実感や安心感を覚えていることをここで強調しておきたいです。

ほめるテクニック②

教卓の前でより効果的にほめる

漏れ聞き効果

　高学年になれば、人前でほめられることに抵抗を感じる子が少なくありません。ほめればよいと思い、全体の前でほめると恥ずかしさを示す子がいます。安易なほめ方をすれば、ほめられることに嫌悪感を抱くようになってしまいます。

　しかし、一方で、教師は素晴らしい行動はみんなに知らせたいと思います。そうした場合は、どのようにすればよいのでしょうか。

心理キーワード

漏れ聞き効果

　漏れ聞き効果とは、自分が直接情報を聞くよりも他の人の会話を聞くことのほうが、よりその情報に影響を受けやすい効果を言います。その理由は、直接言われれば、何かしらの「構え」があることに対して、間接的に聞くことでその「構え」がなくなり、聞き入れやすいものになります。教室でもその構えをなくし、効果的にほめることをねらいとします。

戦 略 的 実 践

STEP 1 → 静かな時間で使います。

子どもが号令した後、教師が「教科書を読んでいましょう。」と全体に指示を出します。つまり、「静かな空間」を作ります。

STEP 2 → 子どもを呼びます。

そこで、ほめたい子どもを教卓前に呼びます。とても静かな場面で、呼び寄せることで、教室のみんなは「何事だろう」と、聞き耳を立てています。もしかしたら、「怒られるのではないか。」と張り詰めた空気にもなるかもしれません。つまり、みんなが聞いている中で、呼ぶことが大切です。

STEP 3 → ほめます。

そして、小さな声で「△△（行ったこと）したんだって。○○先生がほめていたよ。すごい！さすが！」とほめます。全体の場でほめると恥ずかしさや抵抗を示す子どもでも、柔らかい表情になります。その後次第に、全体にほめたことが伝わり、温かい雰囲気になります。【漏れ聞き効果】

POINT

- 教室の端まで意識します。
  小さい声ではほめますが、しっかりと教室の端まで聞こえるように言います。
- 静かな空間を使う、または意図して作ります。
  図工や５分休憩の時間などの自然と静かな場面でほめるとより効果的です。

留 意 点

ほめることには効果的ですが、逆に叱ってしまうと大きな影響を与えます。できることなら叱るよりはほめる際に使用しましょう。

ま と め

静かな場面でひっそりと個人をほめながら、全体に伝えましょう。

(ほめるテクニック③)

他の先生の声を必ず伝える

ウィンザー効果

　学級はいろいろな人が見ています。放課後、子どものことを他の先生方から
ほめられることもあるかもしれません。ただ、そのほめられたことを子どもに
伝えない先生が多いのです。以前の私もそうでした。しかし、これはよくあり
ません。なぜなら、第三者の言葉は、とても子どもの心に響くものだからです。
したがって、積極的に第三者の言葉を子どもに伝えることをするべきなのです。

心理キーワード

ウィンザー効果

　ウィンザー効果とは、第三者の声の方が効果的に聞き手に伝わ
るという心理効果を示します。教師が直接子どもをほめるばかり
ではなく、第三者（他の先生）の声をしっかりと伝えることは、
担任の言葉よりも子どもの心に響くものになります。

○○先生がほめていたよ！

戦略的実践

> 他の先生からクラスがほめられたら、必ず学級の子どもたちに伝えるようにしましょう。

例えば、放課後、S先生が「Aさん、Bさん（学級の子ども）が、他の学年の子どものお世話を一生懸命していたよ。」と言っていました。

その場合、しっかりメモをして、必ず次の日までには伝えるようにしています。次の日の朝の会で、「S先生が、AくんやBくんのことをほめていました。」と具体的に伝えます。

子どもはこのようにほめられると大変喜びます。学級では、「あのS先生からほめられたの？！すごい！」と話題になります。また、その先生方のほめる視点が普段の担任とは異なります。そうした複合的な要素が重なり、ほめられると自己肯定感を高めることができます。【ウィンザー効果】

また、こうした第三者の言葉を伝えることで、見られているという意識も働くようになり、いろいろな先生方の期待に応えようと今後の行動が見違えるように変化します。

留意点

ウィンザー効果は叱るときも同様に効果があります。ほめるというプラスの効果がある一方で、よくない情報を伝えるとマイナスの効果も強いです。したがって、子どもの自尊心を傷つけないよう細心の注意が必要です。

POINT

- 具体的にメモします。
  他の人からほめられた場合、①だれから、②いつ、③どこで、④何についてほめられたのかを具体的にメモします。
- 積極的に他の先生から聞くようにします。
  集会や運動会では、進んで「うちのクラスどうでしたか？」と聞くようにしましょう。

まとめ

第三者の声を積極的に活用し、子どもを勇気づけましょう。

ほめるテクニック④

高学年女子のほめ方

ウィンザー効果の応用

　高学年の子どもになれば、ほめられても喜ばない子どもが多いものです。もちろん本当は、喜んでいても表に出さない子もいます。

　特に女子となると、恥ずかしさなどがあり、むしろにらまれたりもします。ほめられたらしっかり喜びなさい！と注意してしまう先生もいます。これでは、ほめられたのか叱られたのかよくわからないことになります。かえって、その子どもとの溝ができてしまうだけです。

心理キーワード

ウィンザー効果の応用

　ウィンザー効果とは、第三者の声の方が効果的に聞き手に伝わるという心理効果を示します。今回は、ほめたい子どもに直接言うのではなく、親しい友だちを通してほめます。間接的のほめることで、直接伝えるよりも、ほめたい子どもに教師の思いを伝えることができます。

戦 略 的 実 践

STEP 1 → 親しい子をみつけ、A子さんの事をほめます。

そして、ほめた内容を伝えるように働きかけます。
教師がA子さんと親しい子（B子さん）と廊下で2人きりになったとき、ボソッ
と フレーズ →「A子さんってとても立派だよなぁ。B子さん、先生がほめてい
たよって伝えてもらっていい？」と言います。【ウィンザー効果の応用】

STEP 2 → 伝えることを強制はしないことを伝えます。

しかし、教師はB子さんに「もし、覚えていたら伝えて」と強制しません。
あえて、強制しないことで、強くB子さんに意識づけられ、A子さんに伝わ
ることが期待されます。ただB子さんが言わない可能性もあります。しかし、
言わなかったらそれはそれでよいです。教師がA子さんを「ほめている」と
いう事実がB子さんに伝わるだけでも、十分よいのです。A子さんを認めて
いることが学級のだれかに伝わり、それが何らかの形で波及していきます。こ
の実践によって、それまで学級に居場所のなかったA子さんが認められる存
在へと変わっていきました。それは、教師がA子さんを認めているというこ
とが学級全体に広まったからです。笑顔が増え、学級を引っ張る存在へと変わっ
ていきます。

ま と め

　直接ほめることが難しい場合は、他の子どもに伝達させることで間接的にほ
めましょう。

22 行事や集会などは 全員をほめるチャンス

自己肯定感

　教師として、ほめることはとても大切なことです。したがって、日常的に子どもをほめるように努めます。しかし、どうしてもほめられる子ども、ほめられない子どもは偏りがちです。

　では、全員をほめるためにはどのようにしたらよいのでしょうか。

心理キーワード

自己肯定感

　自己肯定感とは、「自分には価値があるんだ」と子ども本人が感じることです。自己肯定感は、あらゆるものの基礎的なものです。自己肯定感があることで、さまざまな教育活動に意欲的に参加することができます。そして、自己肯定感を高める有効な手段が「ほめる」ことです。特に、今回の実践は、全員をほめ、全員の自己肯定感を高めることをねらいます。

戦 略 的 実 践

運動会や学芸会などの行事で頑張らない子どもはいません。程度に差こそあれ、みんな頑張っています。

STEP 1 → 運動会などの行事では、学級名簿を持って行きます。

私の職員室や教室の棚の中に学級名簿を 100 枚以上印刷された状態で置いています。運動会などの行事があれば、サッといつでも取り出せるようにしています。

STEP 2 → 運動会などの行事で、一人ひとりのよかったところ、活躍したことを学級名簿にメモします。

子ども一人ひとりの頑張りに目を向け、一つひとつ短くてよいのでメモしていきます。

教室に戻り、出席番号１番目から順番に頑張ったことを伝えていきます。例えば、「○○くん（出席番号１番の子の名前）、立ちましょう。」と言って、立たせます。そして、「○○をしていました。素晴らしい！拍手！」と言ってほめます。このとき、拍手を入れます。これを全員行います。

POINT

❶しっかり立たせます。

　これで、全員が注目します。いい意味で注目を浴びせることがとても大切です。

❷いきなりほめます。

　前置きもせず立たせると、子どもたちは怒られるのではないかと緊張した空気が流れます。そこからギャップが生まれ、一気に盛り上がります。

❸テンポよくほめます。

　一人ひとりに一言ほめて、次々とやると盛り上がります。

❹拍手をしっかり行わせます。

　拍手は相手への祝福を込めたれっきとしたメッセージであることを語り、しっかりと拍手をさせましょう。

　拍手のポイントとしては**熱海康太 著「即効！明日から使える！小学校の教育実践100」**を参考にさせていただいています。
　拍手のポイント
・速く
・強く
・相手に向ける
こうしたポイントを踏まえることで拍手の練習となります。

留 意 点

　原則ほめることですが、どうしてもできない際は、「先生の見える範囲でしたが、数名発表します。」としっかり、説明してから実行します。

STEP 4 → 学級通信に載せます。

　是非、子どもたちの頑張りを学級通信に載せてあげましょう。子どもだけでなく、保護者にも子どもの頑張りを伝えます。そして教室で読みあげましょう。

　学校行事はたくさんあります。行事などの中で、ほとんどの子が頑張ります。その頑張りをしっかりとメモしほめることで確実に全員の自己肯定感が高まり、自信をもつ子が増えていきます。その結果、どの子も生き生きと生活できる教室を作り出すことができます。

ま と め

　行事などをほめるチャンスと捉え、子どもの自信へとつなげていきましょう。

23 教室を綺麗に保つコツ

モデリング

　教室を綺麗に保つことは大切です。床にゴミがあれば、自発的にゴミを拾ってほしいものです。また、掃除の時間であれば、しっかりと隅々まで掃除をする子どもであって欲しいところです。よくある風景として「ゴミを拾いなさい！」「ゴミを拾うべきです！」という強い指導があります。しかし、これでは、自主的にゴミを拾うことはありません。むしろ、掃除とは、強制されるものだという印象をもち、きちんと掃除をすることはないでしょう。そこでとてもシンプルな方法があります。

心理キーワード

モデリング

　モデリングとは、人は、見たものや行為を真似しながら学習するということです。何気なく見続けることで、子どもたちは真似をします。掃除をしてほしいと望む場合、強制するのではなく、自ら学び、望ましい行動を促すことをねらいとします。

戦略的実践

テストの時間、教師は机間巡視をします。

> そのときに、ゴミがあれば、サッとゴミを拾います。

　テストをしているとはいえ、子どもたちは、教師の姿を見ています。また、子どもたちが算数の話し合い活動をしています。その机間指導の中で、ゴミをサッと拾います。とにかく、教師が落ちているゴミを逃さず、ドンドン拾っていきます。このような実践をすると、子どもたちはゴミを拾うこともしますし、日常の掃除の質が飛躍的に上がります。【モデリング】教師の姿から「ゴミを拾うことは当たり前である」「どのように掃除すればよいのか」が理解されるのです。

POINT

- 子どもが静かなとき、全員が揃っているときに行います。
  実践する際、以下の時に行うと効果的です。
  ❶子どもが静かなとき
  ❷全員が揃っているとき

- 教室はきれいにすべきところと語ります。
  折に触れて、教室はきれいにすべきところということを伝えます。教師が実行しているため大変説得力があります。語ることで、教師の意図や大切さを知ることになります。

- ミニほうきやトイレットペーパー、霧吹きを常備しておきましょう。
  子どもの行動を促す際に、環境はとても大切です。ホコリの量が有る場合は、ミニほうきを用意していると大変便利です。また、トイレットペーパーを掛けておいたり、霧吹きも数個用意したりすることで子どもたちは掃除を気軽にするようになります。

まとめ

　まず、教師が手本となり、ゴミを拾いましょう。

24 「お願い」をすることで 信頼関係を結ぶ

アンダードック効果

学級経営においては、教師ならどの子にも活躍させたいものです。しかし、おとなしい子は自信がなかったり、恥ずかしかったりするなどの理由でなかなか前に出てくることはありません。子どもの成長を考えたときに、何かを行わせる必要がある場合、どのように働きかけたらよいのでしょう。

心理キーワード

アンダードック効果

アンダードック効果とは、あえて自分の弱みや苦手をさらけだすことで相手から援助行動を受けやすくする効果です。教師が自分の苦手や弱みを子どもに伝えることで、必要としていることを伝え、役割や仕事を引き受けてもらうことをねらいとします。

いいですよ！

戦 略 的 実 践

> 教師の弱みを見せ、打診します。

　例えば、学芸会の劇でダンスをすることになりました。普段おとなしく、前にでる機会が少ない女の子がいます。ダンスを習っていて、かなりの腕前です。ここは、人の前に出てきて何かをしたり、リーダーシップをとったりする経験を積ませたいところです。「ダンスのリーダーをやってみないかい？」と聞いても、どうしようか、悩んでしまいます。

　そこで、次のように問いかけてみましょう。

フレーズ

　「ここだけの話、先生はダンスが苦手です。そして、まわりの子達も苦手でわからない。君の力が必要です。もちろん、みんなをまとめたり、引っ張っていったりすることに関しては全力でサポートする。ぜひ、お願いしたいのだけれど、どうですか。」

　ここでのポイントは以下の通りです。

❶正直に教師がダンスが苦手であること
❷教師だけなくまわりの仲間も必要としていること
❸全力でサポートすること
❹あくまで「お願い」であること

　以上の趣旨を伝えましょう。すると、その女の子は「はい。わかりました。」と応えてくれるでしょう。すぐに引き受けることができなかった理由は、人前で何かをすることに対する自信のなさなのです。そこで、その子はダンスが大変上手という背景を捉え、❶で教師はダンスが苦手であり、❷で仲間も苦手としているということを伝え、「自分がリーダーとして行わなくてはならない」という必要感をもたせましょう。【アンダードック効果】そしてなにより、❸全力でサポートすると確実に宣言し、あくまで❹のように「お願い」という形をとります。手順は多いですが、的確に行いましょう。慣れないことをすることはだれでも不安です。サポートするという言葉をしっかりと伝えなるべく不安を取り除き、勇気づけることが大切です。

重要なポイントは、あくまで「お願い」にすることです。自分で決めたというよりは先生からのお願いなので、「責任」は教師にあります。責任と重圧の肩代わりをさせ、負担を軽減させる配慮が大切です。

　こうした働きかけの結果、今まで見せたことのない素晴らしい活躍をする子を見てきました。例えば、今まで控えめな子が、リーダーとなり、休み時間をつかって仲間を集め練習したり、自宅で必要なものを作って持ってきたりするなど自主性を発揮します。

　また行事が終わった際に、保護者の方から、「ものすごく一生懸命取り組んでいました。本人はとてもやる気満々で練習や本番に臨んでいて、このような姿を見たことがありませんでした。」と私は感謝の言葉をいただいたこともあります。

POINT

- お願いはするものの、強制は絶対にしない。
　あくまで、その子のもっている得意分野などを把握し、無理に押しつけてしまってはいけません。

- 様子をしっかり見ます。
　お願いすることはつまり、そのまま放置することではありません。様子を見たり、「どう？困ったことはない？」と尋ねたりすることが大切です。安心感をもたせ、自信をもって行動するように働きかけます。わからないことや困ったことがあれば必ず、サポートします。

- すべての行事が終わったら、必ずお礼をする。
　「君のおかげで、劇は大成功。ありがとう。」あらゆる場面の鉄則ですが、労いの言葉を必ずかけます。特に、保護者の方も心配しているようでしたら、行事が終わったら電話で伝えることも必要です。この一言で励まされ、次の活動意欲へと繋がり、より自信をもって取り組んでいきます。

まとめ

自信がない子には、必要感をもたせ、一歩踏み出す勇気を与えましょう。

やってほしい！

25 どんなトラブルがあっても、また明日こようと思う手立て

ピークエンドの法則

　子どもは学級でさまざまなことを経験します。楽しいこと、つらいこと、悔しいことなどが入り交じった一日を過ごします。

　教師としては、子どもが「一日、楽しかった！」と思ってほしいものです。その思いが次の日の意欲へとつながります。したがって帰りの会を説教で終わることは避けたいところです。

心理テクニック

ピークエンドの法則

　ピークエンドの法則とは　最後にいだいた感情などが人の印象に強く残るという法則のことです。つまり教室での最後の活動が子どもに大変強く残ります。教室での最後の活動とは帰りの会です。その帰りの会に楽しかったという思いをもたせ、学校は楽しかったと思わせることができます。

戦 略 的 実 践

> 帰りの会では、楽しいゲームで終わります。

　帰りの会では、短い時間ではありますが、アイスブレイクなどのゲームを行います。

　たったこれだけの実践で、多くの子どもたちが「楽しかった〜。」などと言ってニコニコしながら下校していきます。学校集団の中で１日を過ごすことで、いろいろなことがあったかもしれません。しかし学校は楽しいところ、居心地のいいところと少しでも思わせるように工夫したいものです。【ピークエンド法則】

POINT

- 毎日する必要はありません。
  　時間が余ったときに、行う程度でよいです。
- レク係を組織して行ってもよいです。
  　年度初めは教師主導でもよいですが、せっかくなので子どもが主体となって企画、実行してもよいです。こうすることで、学級にまとまりが生まれたり、リーダーシップを育む機会を作ったりすることができます。
- 教師が一緒になって楽しむことが大切です。
  　教師が笑顔でいることや楽しく過ごしている様子を子どもたちに見せることが重要です。教師の姿を見て、子どもたちも楽しくなってきます。

ま と め

　楽しい時間を作り、どの子どもも笑顔で家に帰せるように心がけていきましょう。

26 指導する際は、子どもから引き出すことが「大原則」

クエスチョンテクニック

　ある日、授業中に私語をしている子どもがいました。よくあるのが、教師が「Ａさん、私語はやめなさい。」と指導することです。しかし、これだと、「私、しゃべってません。」と否定される危険があります。「いえいえ、しゃべりましたよね。」と言っても「いえ、しゃべってません。」と子どもが反論してきたら、指導が滞ります。また、「決めつけられた」と言われるかもしれません。では、どうしたらよいのでしょうか。

心理キーワード

クエスチョンテクニック

　クエスチョンテクニックとは、質問を繰り返し、意見や事実を引き出す行為です。はっきりと私語をしているとわかっていても、教師側から「私語しましたね。」とは原則言いません。なぜなら、「〇〇しましたね」と決めつけられれば、子どもは心理的に反発したくなります。ですから、自分から答えるように働きかけることが大切になってきます。

戦 略 的 実 践

STEP 1 → 子どもを立たせます。

授業中に、私語をしていたとします。教師としては見過ごすわけにはいきません。教師は第一声で、

フレーズ 「Aさん立ちましょう。」と言います。ここで立たせることが大切です。全員が、なんで立ったんだろう？と思います。他の子どもから注目が集まり緊張状態を作ります。

STEP 2 → 「立ちなさい」と言われた理由を述べさせます。

フレーズ 「どうして、立たされたんですか？」と問います。つまり、なぜ、立つように教師から言われたのかを聞きます。子どもにとっては、わかりきったことを聞かれます。しかし、私語をやめましょうと決めつけられるよりかは正直に答えやすいです。【クエスチョンテクニック】

したがって、正直に子どもは、「おしゃべりをしていたからです。」と言います。そこで教師はたった一言。「やめましょう。」で終わります。重要なことは、教師はほとんどしゃべっていないことです。ただ、動作を入れさせ、質問しただけです。子どもから引き出すことで、指導の言葉かけが短くなります。

POINT

- 教師の言葉が少ないので、低位の子に理解されやすい。
- よく自分で気がつきましたねとほめることができる。
- 頓挫する可能性が低くなる。
- 個人を指導しながら、全体を指導することができる。
- 短い時間で終わる。

ま と め

質問することで短く、子どもの意見を引き出し、効果的な指導をすることができます。

提出物の締め切り日を守らせる技

期限の決定の効果

　修学旅行のしおりや、委員会のお便りなどの締め切りをなかなか守れない子どもがいます。そのときに、「いつになったら出すのですか！」と怒鳴ったり、威圧的に指導したりすることがあります。しかし、それでは子どもが萎縮してしまいます。そもそも、期限を決めていない場合もあります。そうした指導をせず、しっかりと子どもが期限を守るためにはどうすればよいのでしょうか？

心理キーワード

期限の決定の効果

　期限の決定とは、自分で決めた期限にはしっかりと守ろうとする心理作用です。「いつまでに、出来そうですか。」と子どもに問いかけます。

　子どもは考え、「〇〇日までにしてきます。」と言います。子ども自身から言わせた場合、そのほとんどが、期限を守ってくれます。「いつまでにできますか？」と問いかけることで、叱らず、期限を守らせることができます。

戦　略　的　実　践

　自分で期限を決めさせます。例えば、修学旅行のしおりの締め切りが守れない子どもがいました。当然、まわりの子に迷惑が掛かること、しっかりと締め切りを守ることを指導した後、

フレーズ

「いつまでに提出できそうですか？」と問いかけます。

　子どもは、教室のカレンダーなどを見て、提出する期日を決めます。自分で考え、この日までに提出するように言います。そのような気持ちを尊重し、約束をさせます。この日までに出しなさいと強制させるより遥かに、提出率が高まります。【期限の決定の効果】

　この実践は、あらゆる場面で応用が可能です。例えば、全校で発表する作文を書く子に、**「いつまでに、作文できそうかい？」**と聞いたり、**「宿題のやり直しはいつまでにできますか？」**と聞きましょう。

POINT

　ごくたまに、提出する日をとても遅く指定する子どもがいます。その場合は、「締め切りは○日までにはお願いします。その中で決めましょう」と、最終締め切り日を指定し、期間の中で決めさせてあげます。

　この実践を通して子どもは、メモ帳などを取り出し、提出するようになります。教師が決め、その日までに出すということも必要ですが、作文を発表することなどは自分のことです。細かい技術ですが、自分ごととして考え、計画的に行動できるようになっていきます。

ま　と　め

　提出物などの締め切りがなかなか守れない子どもには問いかけましょう。

子どもの不平不満を防ぐための指導

リフレーミング

　子どもが教師の指導に対して不平不満を募らせることがあります。例えば、「Aくんには叱らないのに、俺だけに叱る！不公平だ！」や「接し方や指導に差がある」と思う子が多くいることがあります。

　不平不満は、教師への不信感へとつながってしまいます。不信感が広がれば、教師の指導が通らなくなります。

　要因の一つは、子どもに「平等」と「公平」の理解がなされていないことが挙げられます。

　平等とは、全ての子どもに同じ指導をすることです。しかし、子ども一人ひとりはちがいます。教師は個人の到達目標を達成するために、「平等」ではなく、個に応じた「公平」な指導を行います。

心理キーワード

リフレーミング

　リフレーミングとは、物事の捉え方や考え方を変えさせることを示します。子どもは、「平等」に指導されると思っています。しかし、実際に教師は、「公平」に指導します。そこで、子どもに、教師の指導とは、平等ではなく、公平に指導するものであると理解させるように促します。

戦略的実践

STEP 1 → 「平等」と「公平」のちがいを考えさせます。

まず、言葉でズバリ、

フレーズ 「先生方は平等に指導しません。しかし、公平に指導します。」と
伝えます。

次に、黒板に「平等」「公平」という文字を書きます。そして「平等と公平
のちがいは何でしょうか。」と一度子どもたちに問いかけます。ここでしっか
り考えさせたいです。おそらく明確な答えは出てこないでしょう。

POINT

・先生「方」という言葉を入れます。
　「方」という言い方をすれば、担任個人の話ではなく大勢の先
　生方が行っていることを示すことができます。この2文字を使用
　することで説得力を増すことができます。

STEP 2 → イラストを使って、「平等」と「公平」について説明します。

下にあるイラストの左側は、「平等」を表しています。平等のイラストでは、
同じ高さの踏み台があります、その結果、背の低い子どもは柵の向こう側を見
ることができていません。

また、右側のイラストは「公平」を表しています。子どもの背の高さに応じ
て、踏み台の数が異なります。踏み台が異なるため、全員が柵の向こう側を見
ることができています。

平　等

公　平

イラストの踏み台の部分を指差しながら、踏み台が指導であることを伝えます。全員が柵の向こう側を見るという目標のためには、それぞれ踏み台の数が異なることに気を付かせます。つまり、目標（向こう側を見るということ）を達成するためには、指導は平等ではなく、公平にすることが必要であることを伝えます。

STEP 3 → 宿題を例にして具体的に話します。

▶フレーズ▶

「宿題を 100 回忘れる人と、宿題を 1 回忘れる人と同じ指導になりますか？それこそ、不自然ではありませんか？」

　つまり、何度も注意されても改善しない子どもと、ごくたまに忘れてしまった子どもに対して、同じように指導することが自然ではないことを具体的に問いかけます。同じ目標を達成するために、指導が変わることを丁寧にわかりやすく伝えることが大切です。

　こうした平等と公正について語ると、多くの子どもが「なるほど」とうなずいてくれます。また、教師の指導の意図を考えるようになります。【リフレーミング】教師と子どもとの共通理解が進み、余計な不満が解消されます。

留意点

　よく認め、愛情をもって接することが大前提です。本実践を行えば、すべてが解決する訳ではありません。頭では公平について理解しても、どうしても「不満」を抱くものです。教師側の指導の配慮は欠かすことはできません。どうしても叱られることが多い子どもには、よくほめたり、愛をもって接することがなにより大切です。

まとめ

　イラストや具体的なたとえ話を使って、平等と公平について語りましょう。

29 しっかり「いい子たち」も叱る

社会比較理論

　教師は、望ましい行動をする子どもにはほめ、よくない行動をした子どもには注意をします。その結果、どうしても、叱られる子どもは固定化しがちになります。その結果、「あの子（優秀な子ども）は、いつもほめられているのに、なんで、俺（いつも怒られている子ども）だけ叱られるんだ。」といつも叱られている子どもには不満がたまります。そうした不満の結果、教師へ反抗したり、また、問題行動を引き起こしたりすることになります。ではどのようにすればよいのでしょうか。

心理テクニック

社会比較理論

　社会比較理論とは、他者との比較をして、優劣や上下関係を決めてしまう心理のことです。つまり、いつもほめられている子どもといつも叱られている自分を比較してしまい、なんで自分だけと不満を募らせる心理が働きます。そのような心理を解消するためには、教師は、「公平に叱る」ということを意識して指導にあたることが求められています。

戦 略 的 実 践

　ある委員会での出来事です。優秀な子どもたちが休み時間、決められた場所に集まるはずが、うっかり忘れていました。いつもしっかりしている子どもたちです。

「あ、いつもしっかりしているから、指導しなくてもいいか」と教師は思ってはいけないのです。ここで叱らないということは、まさに不公平感を募らせる原因です。【社会比較理論】

STEP 1 ➡ そこで、該当する子どもたちに「あなたたちは、重要な委員会の仕事を忘れました。とてもいけないことです。」と叱ります。

　ここで、怒鳴る必要はありません。しっかりと叱ることが大切です。このとき裏で何が起きるのでしょうか。それを見ている男子は、**「あの優秀な子どもたちが叱られている。先生は、公平に叱るんだ！」**と思うのです。

STEP 2 ➡ そして授業後、必ず叱った理由を伝えます。

フレーズ

「どうして、あんなに叱ったかわかるかい？それは、君たちが、手本となる存在だからだよ。その期待を込めて、叱りました。」このように、なぜ叱ったのかをしっかりと説明します。

留 意 点

　できる限り叱るよりもほめるようにします。叱って不平不満を解消するのではなく、ほめたり、認めていったりすることで学級の多くの子どもたちが気持ちよく生活できるように努めましょう。

ま と め

　全員をしっかり指導するということを意識して不公平感を抱かせない指導をしていきましょう。

30 教室の実態を知りたければ、「みんなは？」と聞く

投影法

　教室の状況を子どもから聞き出すことは大切な戦略です。低学年ならまだしも、高学年なら、自分から何かを言ってくれることは少なくなります。状況を把握することが難しくなります。たまに、子どもから様子を聞き出し、対策に努めたいところです。「学校は楽しいかい？」と聞いても、子どもの本音は聞き出せません。なぜなら、自分について話すことはとても勇気がいることだからです。では、どうすればよいのでしょうか。

心理キーワード

投影法

　投影法とは、心理テストや検査で使われる検査方法です。間接的なものを使って、その子どもの実態を把握することが目的です。

　しかし、教室にそのようなテストや検査用紙はありません。そこで、「学級のみんなは楽しそうにしているかい？」と聞きます。「あなたは楽しいかい？」と直接聞くのではなく、「みんなは楽しいそうかい？」と間接的に聞きます。**つまり、みんなの様子を捉えることで、その子どもの様子（状態）を反映させます。**したがって、「みんなは？」と聞くことでその子どもの状態を捉えることができます。

戦略的実践

STEP **1** → 「みんな、学校は楽しそうにしているかい？」と聞きます。

　みんなが帰った放課後、残っている子がいます。もし、「（きみは）楽しい？」と聞くと、本音を聞き出すことが難しいです。また「わからない。」と返答が返ってきます。しかし、 フレーズ → 「みんなは楽しいそうかい？」と聞くと返答が返ってきます。

STEP **2** → 聞いた理由を付け加えます。

　ただ、聞いただけでは、子どもは訝しげな顔をします。そこで、「なんか困っている子とかいないかなと思ってね。」と質問した意図を伝えます。もしかしたら、「なんか、男女で仲が少し悪い」とか、「男子が強い言葉を言ってくる」などと言ってくるかもしれません。　このように教室の実態を把握することができます。

POINT

　・みんながいない場所を選びましょう。例えば、放課後に残っているときに聞くなどがよいでしょう。

　このように「みんなは？」と聞くと自分の思っていることを素直に話してくれます。学級の実態を知る手掛りになります。【投影法】

まとめ

「みんなは？」と聞き、よりよい空間を作り上げていきましょう。

トラブル
対応

心理テクニック

31

事実確認時は子どもから引き出す

クエスチョンテクニック

　学級の中でトラブルが発生した場合、まず行うのは事実確認です。まず該当する子どもを呼び出します。しかし、事実確認という文字通り、「〇〇をしたのですね」と確認してはいけません。なぜなら、子どもに「やってません。」と言われてしまう可能性があるからです。これでは、指導が滞ってしまいます。

　では、どのように事実確認をすればよいのでしょうか。

心理キーワード

クエスチョンテクニック

　クエスチョンテクニックとは、質問を繰り返し、意見や事実を引き出す行為です。つまり、教師側から確認事項を「述べて確認する」のではなく、子どもから「引き出す」ことを原則とします。子どもから引き出すことで、円滑で正確に事実を確認することができます。

戦 略 的 実 践

STEP **1** → 呼んですぐ質問します。

　例えば、放課後、友達関係上のトラブルがあったことがわかったとします。加害者と思われる子どもたち数名を呼びだします。その段階で教師はすぐに

フレーズ 「先生がこの場に呼んだ理由がわかりますか？」と質問をします。
【クエスチョンテクニック】

POINT

❶勘の鋭い子どもは、ポロッと事実を述べます。

　　大きな出来事の際、子どもは呼ばれた時点ですでにわかっている場合があります。その場合、勘の鋭い子は自ら述べることがあります。そして、子どもから引き出すことで、その情報は子どもが認める事実となり、指導がしやすくなります。

❷事実確認時にほめることができます。

　　状況や子どもの実態によりますが、「自分から言えて素晴らしいね。」と肯定しながら、事実を確認することができます。

❸教師の意図していない情報が聞けるかもしれません。

　　トラブル対応の極意は情報戦です。いかに情報をもっているかがとても大切になります。

　　意図していないような情報であっても知っておくことはとても大切です。もし、今必要のないものであれば、「後でその話は聞きます。」と応えて、本題の話を引き出します。

❹子どもに言葉を出しやすくさせます。

　　よく事実確認をしていると子どもが沈黙をすることがあります。それでは指導が滞ります。しかし、呼び出されて、すぐに何かしら答えるという動作をいれることで、ただ受け身で聞くというよりは、話さなくてはいけないということを印象付けられ、言葉を出しやすくします。その結果、事実確認が進みやすくなります。またわからないときは「わかりません。」と言わせるようにします。とにかく、話すという行為を大切にします。

→ 教師がある程度知っているということと自分から言うことの大切さを説明します。

「呼ばれた理由はわかりますか」の質問に対して、「わかりません。」と子どもが言ってきた場合、

フレーズ →「先生は、どのようなことがあったかある程度知っています。」
と述べます。そして、続けて、

フレーズ →「先生から言ってもいいけど、自分から言えると立派だなぁ。」
と補足します。

　このように、教師が知っているということを伝えることで、子どもは「先生は知っているのか！だったら、自分から喋らなくてはいけない。」と思います。

　そして、教師の「自分から喋ると立派である。」という趣旨を伝えることでさらに、自ら述べるように働きかけます。

　正直に述べることはとても勇気ある行為です。自分から述べることへの価値づけを行うことで、子どもの背中を押すことができます。

POINT

- ある程度という言葉で曖昧にします。

　「全て知っている」という言葉は使いません。全てという言葉は、とても強い言葉です。万が一、事実を引き出せなかった場合やそもそも教師が想定してた事実と異なった場合、子どもを傷つける可能性があるからです。優しい表現で、あくまでも子どもの声に耳を傾けるという姿勢を大切にしたいです。

- この時、教師は全ての事実を知らなくてもよいです。

　子どもに「先生は知っている」と思わせることが大切です。思わせることで、子どもは「本当のことを言わなければまずいことになる」と思います。そして、多くの子どもが、自ら事実を述べるようになります。

STEP **3** → 「いつ、どこで、だれが」などを小出しにして、引き出します。

　例えば、「今聞いているのは、昨日あったことです。何か、心当たりはありませんか？」という聞き方をします。

つまり、「いつ、どこで、だれが」といったようにヒントを出すようにして、伝えます。子どもは、言うか言わないか葛藤しています。一度に聞かず、小出しにすることで、考えさせる時間を与えたり、手を挙げる機会を与えたりします。

POINT

- 沈黙を大切にすることです。

  教師としては、早く事実確認をして、解決したいと思いがちです。しかし、慌ててはいけません。しっかりと確認をして、行うことが大切です。その際に、沈黙する時間を設けることがとても大切です。例えば、ここぞという場合は、20秒近く沈黙します。

  この20秒は大変長く感じます。そして、多くの子が、この沈黙をやぶり事実を述べ始めます。

  働きかけることはなにも言葉や行為だけでなく、「何もしないこと」も入ります。段階的に問いかけ、やり取りする中で、出来事を明確にして行くことが大切です。

留 意 点

子どもに寄り添い、共感的に聞きます。あくまでも「確認段階」です。教師の一方的な決めつけをしてはいけません。または、誘導的になってはいけません。誘導的に事実を引き出しては、事実を知ることができないだけでなく、教師への不信感をまねきます。子どもに寄り添い、共感的に聞くことを前提にして、行うことが大切です。そうした働きかけによって、事実確認という子どもにとって嫌な行為が逆に信頼関係が構築される機会になり得るのです。

これらの質問をしていくと、ほとんどの子が事実を言います。また、引き出すという姿勢で取り組むことで、これまで自分から事実を言うことがなかった子も言うようになります。

ま と め

段階的に質問を繰り返し、子どもから引き出すよう心がけましょう。

32 それでも引き出せない場合

損失回避の法則

　前の頁にて、引き出そうと思っていても、子どもから引き出せないときがあります。

　しかし、叱責や脅しなどをしては逆に子どもの心を傷つけることになります。では、どのような方法で引き出すことができるのでしょうか。

心理キーワード

損失回避の法則

　損失回避の法則とは、人は無意識に「得をすること」よりも「損をすること」を避けようとする心理作用のことです。子どもも同様に、正直に言った方がよいのか、それとも言わない方がよいのかと心の天秤にかけます。

　得をすることよりも、損をすることを示し、働きかけることで、正直に話すようにさせることがねらいです。

戦 略 的 実 践

> 全体（みんな）に話を聞いてみてもよいかを尋ねます。

　保護者や周囲などの情報から、ほぼ確実にその該当する子どもが行った場合であっても、威圧的な指導はしません。

フレーズ▶「みんなから聞いてみてもいいですか？」
と全体の場で聞くことを提案します。

　事実がわからないときは、他の人に聞くことが有効であると説明します。確かに、他の情報があれば、正確な事実確認ができます。そのことをしっかりと説明し、子どもに他の人たちに聞いてもいいかを尋ねます。その際に子どもから理解を得ることが大切です。

POINT

あらゆる指導で大切なことは、子どもの理解を得ることです。しっかりと説明し、納得してもらえる指導を心がけましょう。

　しかし、多くの場合、子どもはみんなの前で話題になることを避けます。つまり、おおごとになること（損をすること）を避けようと、「実は…。」と事実を言う子どもが多いです。【損失回避の法則】もし仮に、子どもは包み隠すことがない場合、逆に、「みんなに聞いてみてください。」と言います。

留 意 点

　これらの質問は、言い方や状況によって威圧感を与えかねません。子どもの実態などを踏まえ、実践することが大切です。

ま と め

　どうしても、**事実がわからない場合は、学級全体で話を聞くことを提案しま**しょう。

33 ケンカの仲裁① お互いの言い分を聞く

自己正当化

　学級にはトラブルがつきものです。ケンカなどのトラブルの際は、両者を呼んで、事情を聞きます。その際、よく一人が話しているにもかかわらず、割り込んでくる子がいます。教師は、しっかり聞かなくてはと思い、割り込んできた子の話を聞きます。しかし、「ちがう！そうじゃない！」ともう一方の子が割り込んできます。正確な事情を聞くはずが、どんどん混乱していくことがあります。では、どのようにすべきなのでしょう。

心理キーワード

自己正当化

　自己正当化とは、自分を正当化する心理のことです。トラブルなどで、教師や他の人に伝える際には、自分を守るためや正しいと思ってもらえるように相手に自分の言い分を伝えようとします。そうした心理があることを理解して指導にあたることがとても大切です。

戦 略 的 実 践

> 子どもにひとりずつ話させます。

教室などでケンカが起きたら、まずは、該当する子どもを呼びます。

教師が話を聞く際に、子どもは自分を正当化させるために、話に割り込んでくる場合が多々あります。【自己正当化】しかし、割り込んで話されては、話の整理がつかず、混乱を招きます。したがって、ひとりずつ話させます。

つまり、割り込んできた子に対して、

フレーズ▶「後で、あなたの話は聞きますから、今は聞いていましょう。」

と説明します。こうしたことで、話そうとしていた子は、安心して話すことができます。また、割り込んでしまった子も自分の話をしっかりと聞いてくれるという安心感をもつことができます。正確にどのような事情があったのかを確認することができます。

POINT

- 割り込んだこと自体にきつく注意しない。

　割り込むことは、心理学上、生じます。【自己正当化】割り込むのはやめて、話を聞きましょうという指摘にとどめます。

- 必ず、両者から言い分を聞きます。

　どのような場合でも、両者に言い分があります。

　明らかに、まちがっている行為だとわかっていても、必ず「言い分を言わせること」をします。

　このようにひとりずつ話を聞くことで、自制して話を聞くようになります。混乱のない事実確認をすることができます。

ま と め

ひとりずつ聞き、正確に事情を聞き出しましょう。

ケンカの仲裁②

34 自分の非を認めさせたければ、「ちょっとでも」を使う

イーブン・ア・ペニー・テクニック

　子ども同士のトラブルはよくあります。そのとき、しっかりと自分から非を認め、謝罪させることはとても重要です。

　しかし、子どもはお互いとも譲らず、どちらも非を認めないことはよくあることです。仮に、非を認めたとしても、なにか不満を残すこともあります。それでは、子どもや保護者の方から不信感を抱かれてしまいます。

心理キーワード

イーブン・ア・ペニー・テクニック

　イーブン・ア・ペニー・テクニックとは、「ちょっとだけ」と言ってお願いごとを聞き入れてもらうことです。大人も子どもも自分の非を認めることはとても勇気がいります。そのハードルを少しでも下げる必要があります。そこでケンカの仲裁では、**魔法の言葉である「ちょっとでも」**を使いましょう。子どもが、より謝りやすいように働きかけることができます。

戦 略 的 実 践

STEP 1 → 該当する2人の子どもを呼び、事実確認をしっかりと行います。

教室で、休み時間、2人で言い合いになっています。

事実確認の段階で、必ず双方の言い分をしっかりと聞き出します。お互いにそれなりの言いたいことがあるはずです。

STEP 2 → お互いの言い分を整理します。

例えば、BさんはAさんから悪口を言われ、AさんはBさんから強く叩かれたからケンカに発展したことがわかりました。教師は、復唱するなどし、お互いの言い分を整理します。

こうした働きかけによって、お互いに自分がよくなかったことが明確になります。

STEP 3 → 「ちょっとでも、悪いなと思う人は手を挙げてごらん。」

事実確認を整理した後、「ちょっと」という言葉をつかって働きかけます。【イーブン・ア・ペニー・テクニック】そこで、「ちょっと」や「1mmでも」と、ものすごくハードルを下げてあげると、言いづらいことを言えるようになります。

POINT

- 謝罪ではなく、「よくないなぁ」ということの確認でよいのです。謝罪はハードルが高いのです。しかし、よくないことはお互いわかります。こうして段階的に聞くこと、そして、ハードルを低くすることで、子どもは手を挙げることができます。
- もし、手を挙げる人がいなければ、次のように言います。「先生はひとりずつ悪かった点があると思うんだよね。」と働きかけます。そして、「自分から手を挙げることがとても大切なことですよ。」と自ら手を挙げることを価値づけてあげます。

ま と め

事実確認を行い、「ちょっとでも」という言葉を使うことで双方に自分の行為について振り返るように働きかけましょう。

ケンカの仲裁③

35 謝罪させたければ、返報性の原理を使う

返報性の原理

　前の頁にて、「ちょっとでも」という言葉をつかい、相互の行為について非を認める実践を紹介しました。しかし、これだけでは、「子どもから謝罪」するまでには至りません。本頁では、謝罪するまでの実践について詳細に述べて行きたいと思います。なお、謝罪させることは重要ではないというご意見もあるかと思います。たしかに、状況によっては謝罪では済まないこと、謝罪させるべきではないことがあります。しかし、普段の人間関係のトラブルや問題があった際に、自分の非を認め、しっかり謝罪できる人間に育てることは大切だと考えます。その後押しを、教師はすべきだと考えています。

心理キーワード

返報性の原理

　返報性の原理とは、人から何かしてもらったとき、「お返しをしなくては申し訳ない」というような気持ちになる心理作用のことです。

　これは、今回の場面でも同じく、どちらか一方が謝罪すれば、一方も謝罪しなければと思う心理作用です。したがって、この返報性を使い、相互に謝罪させることができます。

戦 略 的 実 践

STEP 1 → 何が悪かったかを聞き出します。

　前頁にて、自分の悪かったところが明確になりました。教師の「ちょっとでも悪いなぁと思う人はいますか。」の質問に対して、ほとんどの子どもは手を挙げます。そこで、教師は手を挙げた子どもに

フレーズ ▶ **「何が悪かったかな?」**と聞きます。

　自分の言葉で言うことで、言葉に責任をもって言うことにもなります。

STEP 2 → お互いに悪いところを振り返ったら、謝るように促します。

　自分の悪いところをお互いに言い合ったら、多くの子どもは、自分から謝罪します。ただ、謝罪できない子どももいます。そのときは、「悪いと思ったらどうする?」と問いかけます。そうした教師の働きかけで素直に謝ることができます。

POINT

- 謝る順番にこだわらないことです。

　　悪さには程度の差があります。しかし、重要なことは、自分の言葉で謝罪すること、自分の非を認めることです。そして、相手が謝ったら、自分も謝らなければという心理が働きます。【返報性の原理】

- なにより納得感を大切にします。

　　謝罪していても納得していなければ、意味がありません。不満を残さずしっかりとお互いの納得感を得るように努める必要があります。そうすることで、なかなか自分の非を認めることができない子どもでも謝るようになります。そうした、働きかけによって、先に謝るようになり、素直さを育むことができます。

ま と め

順番にこだわらず、謝罪することの大切さを学ばせましょう。

ケンカの仲裁④

36 謝罪できない子には、謝罪の抵抗感をなくす

イエス肯定話法

　自分に非があれば、しっかりと謝罪させることは学ばせたいものです。しかし、自分から、切り出せない子どももいます。「しっかり謝りなさい！」ときつく詰め寄る指導になりがちです。「〇〇しなさい」と言えば言うほど、人は言いづらくなるものです。これでは、謝る雰囲気を作ることはできないでしょう。では、どうすればよいのでしょうか。

心理キーワード

イエス肯定話法

　イエス肯定話法とは、相手が「イエス」としか答えようがない問いかけを何度かした後、本題を切り出し、相手に「イエス」と言わせてしまう技法です。自分の非を認めることには勇気がいります。そこで、「うん」や「はい」という答えが出る質問を繰り返し、本題の「イエス」を引き出すことがねらいです。

戦 略 的 実 践

「はい。」という答えを２回言わせ、本題の「はい。」を引き出します。

　事実確認をし、自分の悪かったところを認めてはいるが、どうしても謝ることに抵抗感を示してしまう子どもがいます。しかし、しっかりと謝罪することは学んで欲しいものです。そこで、教師が子どもに次のように言います。

❶教師「悪口を言ってしまったんだよね。」
　子ども「はい。」
❷教師「自分で悪いなと思っているのかな？」
　子ども「はい。」
❸教師「じゃあ、ちょっと謝れそうかな。」
　子ども「…うん。」

　❶・❷のように教師が、「悪口を言ってしまったんだね。」や「悪いと思っているのかな？」と簡単な質問をし、「はい。」を引き出しています。そして、本題である❸で謝れそうかいと問いかけ、子どもが「はい。」と答えやすい流れを作っています。【イエス肯定話法】
　また、「しっかり謝りなさい」とすることは子どもにとってハードルが高いものです。「ちょっとでもいいから謝れそうかい？」など、謝る流れや抵抗感が少ない状態を作り出すことで、子どもが謝りやすい雰囲気を作ることが大切なのです。（P118　イーブン・ア・ペニー・テクニック参照）

留 意 点

　謝罪するという形にこだわりすぎてもいけません。謝りたいという思いがあることが前提です。その思いを実現させるための手立てとして考えることが大切です。

ま と め

　謝罪に対して抵抗感のある子には、謝る雰囲気作りと、心理的ハードルを下げてあげましょう。

37 些細なトラブルが 毎日続くときの指導のコツ

メタ認知

　新卒の頃、受けもったクラスでは毎日のように些細なトラブルが続きました。「だれだれとボールの奪い合いになった！」「〇〇くんと言い合いになった！」「やったから、やりかえした！」と、とにかくトラブルの多い日々を過ごしました。新卒のときは、それに対して、一生懸命に対処していました。この方法がよくなかったのです。では、どうすればよかったのでしょうか。

心理キーワード

メタ認知

　メタ認知とは、自分を客観的に見て、言動を把握することです。子どもは、主観的に物事を捉えがちです。そこで、客観的に自分を俯瞰するよう働きかけることで、些細なトラブルを些細なものであると判断する力がついてきます。

戦 略 的 実 践

例えば、サッカーボールの奪い合いが起こり、言い合いになっています。そこで事実を確認し、お互いによくなかったところを振り返りました。この時点で終わってはいけません。この件は、お互いに譲り合ったり、順番を決めたりするなど、ちょっとした配慮があれば起きないトラブルでした。そこで、もし同じような事案に遭遇した際に、気をつける視点を投げかけます。

STEP 1 → 小さな問題か、大きな問題かを問いかけます。

フレーズ →「さて、この問題は大きな問題ですか、小さな問題ですか?」

と聞きます。こうした問いかけによってこのトラブルは些細なものなのか、それとも、重大なものなのかを考えます。【メタ認知】ちょっとしたお互いの思いやりがあれば済む問題なのかを客観的に考えるきっかけをつくるのです。つまり、子どもが同じような事案に遭遇した際に、気をつける視点を投げかけるのです。

ほとんどの子どもから、「小さな問題です。」と返事が返ってきます。ただ、どちらの意見に強制するのではなく、考えるきっかけにすることにとどめることが大切です。

STEP 2 →「まあ、いいか」で済む問題かを考えさせます。

すぐにカッとなってケンカする前に一歩下がって客観的に考える大切さを伝えるのです。

留 意 点

指導は、子どもに我慢しろという誤った印象を与えてはいけません。そうでなく、自分たちの言動を一歩引いて客観的に考える重要性を説明することがとても大切なことです。

メタ認知を促すことで、客観的な視点に立ってものごとを考える子どもが増えていきます。自ずと、小さな問題は自分たちで解決する学級に育てて行きましょう。 またこれはおかしいと思うときは遠慮なく相談するよう伝えます。

ま と め

問題の大小を問いかけ、トラブルを客観的に捉えるようにしましょう。

38 改善を促す際は 教師の気持ちを伝える

スケーリング

　学級でトラブルが発生。 繰り返し指導してもなかなか直りません。個人的に呼んで、何度も何度も怒って終わるようでは、子どもは「信頼されていない。期待されていない。」と思ってしまいます。かといって、安易に「期待している。」と述べるのも浅く、子どもに響かないときがあります。どのように働きかけることができるのでしょうか。

心理キーワード

スケーリング

　スケーリングとは、心の状態を数値化して表現することです。教師の思いを子どもに伝えることは大切です。そこで、教師の思いを数字に表します。数字に表すことで、子どもに具体的に伝わります。具体的に伝わることで教師の思いを汲み取り、自分の行動を改めるきっかけをつくります。

期待

疑ってしまう

戦 略 的 実 践

STEP 1 → 教師の心の状態を具体的に伝えます。

指導後、教師は

フレーズ **「先生はこれまで、繰り返し指導してきました。先生はまたやるん
じゃないかなと半分思ってしまいます。その気持ちはわかるかな?」** と言いま
す。つまり、「またやるんでしょう。」というのではなく、「半分(10 のうち 5
ぐらい)、疑ってしまう。」という具体的な表現にします。【スケーリング】こ
うした表現によって、子どもは実感を伴って理解します。

STEP 2 → 「半分は期待している。」としっかり伝えます。

「半分は疑ってしまっている。しかし、もう半分は、期待している。」と確実
に信頼していることをしっかり伝えます。信頼し、期待しているという教師の
姿勢を伝え励まします。

留 意 点

STEP1 で「またやると思っています。」と断言してはいけません。あくまで
も今まで繰り返し指導したにもかかわらず、改善されないので、どうしても思っ
てしまうという意味合いを込めることが大切です。そうでなければ、子どもの
心が傷ついてしまいます。最初に疑ってしまうということを述べ、次に、期待
していることを述べます。これを逆にしてしまうと、疑っていることが印象と
して残ってしまいます。 逆に子どもに不信感を抱かせてしまいます。この実
践は、大変強い作用があります。教師の気持ちが具体的に伝わりすぎてしまい、
子どもの心を傷つけることも想定されます。実態と状況に合わせて使うことが
大切です。

子どもは、指導された場合、「怒られたか。怒られていないか。」のどちらか
に偏って考えてしまいがちです。そこで、しっかり、教師の心の状態を明確に
伝えることで、子どもの理解は深まり、今後の行動が変化します。

ま と め

教師の心の状態を表現し、働きかけましょう。

39 トラブル対処には 不満をもって帰らせない

クエスチョンテクニック

　指導したその日の放課後に、トラブルに関する内容の電話がかかってくることがあります。保護者から「子どもが言っていることと、先生が言っていることがちがうのですが。」「子どもの話をちゃんと聞いてください。」というものです。これでは、教師と保護者、子どもとの信頼関係が崩れてしまいます。この要因の一つに子どもが不満をもっている、または子どもが言い足りないことがあったことがあげられます。どのようにするべきだったのでしょうか。

心理キーワード

クエスチョンテクニック

　クエスチョンテクニックとは、質問を繰り返し、意見や事実を引き出す行為です。今回は、まだ言いたいことはないかをしっかり確認させます。最後にしっかりと確認し、相手の言いたかったことを残さず言わせることで子どもの不満を解消させることにつながります。

戦略的実践

STEP 1 → トラブル解決後に必ず確認します。

　事実確認が終わり、解決しました。しかしすぐに終わってはいけません。教師が「話は終わって解決した。」と思っていても、子どもの中には不満や言い残したことがある場合がよくあります。それを解消させなければなりません。

　そこで、

フレーズ 「他に言いたいことはありませんか？」または「言い残したことはない？」と問いかけます。【クエスチョンテクニック】

さらに、

STEP 2 → 今この場ですべてのことを言うことの大切さを語ります。

　モヤモヤした気持ちで帰ると、気持ちがすっきりしないこと、今解決して気持ちよく帰った方がよいことを伝えます。言いづらい子どもが少しでも自分の気持ちを言えるように背中を押します。

STEP 3 → 放課後、子どもが家に帰る前に電話します。

　放課後、すぐに該当の子どもの家に電話します。その日にあった出来事を電話で丁寧に伝えることが大切です。教師から先に正確な情報を伝えることで、保護者の方の混乱を避けることができます。

POINT

　どうしてもつながらない場合がありますが「しっかりと報告しようと電話をした」という事実を作ることが信頼関係をつなぐために必要不可欠だと考えます。

　このように最後まで、子どもの声に耳を傾けたという姿勢を保護者の方に伝えることで保護者の方は安心感を抱くことができます。

まとめ

　最後の最後で必ず、「他に言いたいことはない？」と確認して子どもの不満を解消させましょう。

改善を促す手立て①

40
改善の見込みがないときは、一度揺さぶりをかける

心理リアクタンス

　子どもたちは、なかなか一直線に成長はしません。前進や後退を繰り返して成長していきます。それを長い目で見届けることはとても大切です。

　しかし、いくら指導しても改善されないこともあります。また、直前に指導したにもかかわらず、行動に改善の見込みが見られないときもあります。そうした場合、教師は、毅然とした態度で臨まなければなりません。なぜなら、他の子どもへの危害といった影響が考えられるからです。

　ただ大きな声で叱るような威圧的な指導があります。この指導であれば、恐怖心を植え付けてしまう可能性があります。そこでどのように指導したらよいのでしょうか。

心理キーワード

心理リアクタンス

　心理リアクタンスとは、「あなたたちはできない。」などと揺さぶられると「やろう！」と意欲づけられる心理作用のことです。子どもは、「〇〇しなさい。」と言われる場面が多いです。しかし、「〇〇しなさい」と言われれば言われるほど、したくなくなるものです。本実践は、「〇〇できない」と揺さぶることで、意欲を引き出すことをねらいます。

きみには
〇〇はできない

戦 略 的 実 践

STEP 1 → 教師はなるべく早い段階で、現状を伝えます。

直前に指導したにもかかわらず、整列の時に騒がしくなります。

フレーズ →「この前、決めたルールが守れていません。」と伝えます。

POINT
・早い段階で指導することがとても大切です。
　気がついたり、発見した場合、なるべく早期に手をうつことが
とても重要です。以前に指導したことが子どもの記憶に鮮明に
残っています。したがって、子どもたちにとって印象の強い指導
になります。

STEP 2 → 一度、揺さぶります。

「よくない。直したい。」と子どもたちから返答があった場合、教師は、「このままでは期待できません。きっと同じことを繰り返すでしょう。」と揺さぶりをかけます。【心理リアクタンス】

STEP 3 → 励まします。

フレーズ →「このままでもよいと思う人は手を挙げましょう。」と指示を出します。ほとんどの場合は、手を挙げません。なぜなら、子どもたちは、よりよくなりたいと思っているからです。そして、信頼を獲得できるように、これまで以上に取り組むことが大切ですと伝えます。

留 意 点

・なぜ、廊下を整列できないのか、その理由を考えさせることが大切です。
・信頼を失いつつあると言います。
「信頼を失っている」とは断言することは、子どもの肯定感を傷つけます。

ま と め

　全てを聞き入れるだけなく、ときには揺さぶり、子どもたちの意欲を喚起していきましょう。

41

実際に行動させ、改善させる

ロールプレイング

　指導してもなかなか改善されない要因の一つに、「実感」を伴っていない場合があります。「実際にどのように歩けばよいのか」という適切な行為が理解されていない、または「どのようなよくないことがあるのか」が理解されていないなどがあります。叱責や言葉のみの指導だけでは、改善されないことがあります。そこで、「実感」を伴った指導が必要になります。

心理キーワード

ロールプレイング

　ロールプレイングとは、疑似体験を通じて、ある事柄が実際に起こったときに適切に対応できるようにする学習方法の一つです。つまり、言葉だけで指導するのではなく実際に体験することを通して理解を深めることができるのです。

戦 略 的 実 践

今回は廊下歩行について実感を伴った指導を紹介します。

STEP 1 → 子ども全員を廊下に集めます。

階段から廊下へ上がる場面で走ってしまう子がいます。これは、前回指導したばかりです。同じような指導では、繰り返す可能性があります。

STEP 2 → 役割を決め、実際に行います。

教師は、衝突回避のために以下を留意します。
- 役割を演じる子どもに走らせるが、「ゆっくりめ」と伝える
- ２人が出会う（衝突）場面をしっかりと伝える
- 教師が衝突する場面に位置し、怪我を予防すること

実際に、階段から勢いよく登り、もう一方は歩きながら階段へ向かいます。
階段を登りきったところで出会うようにします。【ロールプレイング】何度か繰り返すうちに、危険な場面がいくつか出てきます。この際、**実際にぶつかる必要はありません。危ない状況はぶつからずとも想像できます。**

STEP 3 → 全員で階段の登り方や廊下歩行を行います。

ロールプレイングをしたのは２人だけです。そこで実際に、適切な廊下歩行を全員が体で感じる必要があります。したがって、全員に廊下歩行をしてもらいます。こうすることで、見るだけでなく実感を伴って理解することができます。廊下歩行の大切さと適切な廊下歩行を身につけさせることで、驚くほど改善されます。

留 意 点

繰り返しになりますが、安全に留意し、実践することが大切です。

ま と め

実際に見て行動させ、改善させましょう。

42 カッとなり手を出してしまう子どもの指導

ソリューション・フォーカス・アプローチ

　ケンカをしてついカッとなって手を出してしまう子どもがいます。しっかりと自分で制止する力をつけるために励ましていきたいものです。よくあることは、ただ叱り、そして謝らせ、今度からは絶対にやらないようにと諭すことです。これでは、自己肯定感が育まれず、悪化し、もっとひどい行動になる可能性が高いでしょう。子どもを励まし、次につなげる必要があります。では、どのようにすべきなのでしょうか。

心理キーワード

ソリューション・フォーカス・アプローチ

　ソリューション・フォーカス・アプローチとは、原因の追及をせず、これから先どのようになりたいかという未来に働きかけることで、解決する心理療法です。「なんでしてしまったの？」という原因の追求は最低限におさえます。その代わり、今もっている（頑張っている）力（リソース）などを発見させ、未来へと働きかけることで、子どもの変容をねらいとします。

今ある力を引き出す　　未来へ働きかける

過去　　　　現在　　　　未来

戦 略 的 実 践

　友達を叩いてしまった子どもがいました。しかも、今回だけではなく、以前に何度かありました。叩いてしまった経緯などの事実確認を行います。そして、しっかりと指導します。

STEP 1 → 自分の行為を数値化させます。

フレーズ 「ちなみに、どれくらいの力で叩いてしまったの？ 0から10までの力で表すとどれくらい？」

　おそらく子どもは、「6です。」などと言います。

　このように、子どもの叩いた行為の力加減を数値化させることで、自分の気持ちや行動をふりかえります。このとき正確さは求めません。しっかり数に置き換えること自体に重きを置きます。

STEP 2 → 頑張った点に注目させます。

フレーズ 「4は我慢したんだね。」と言い、今頑張った点を認めます。

　教師は叩いた力の「6」ではなく、我慢した「4」に注目させます。「4」は我慢したことを見いだしてあげます。【ソリューション・フォーカス・アプローチ】

「4」我慢した点を見出し、次のように問いかけます。

フレーズ➤「次からは、どれくらい頑張れそうかい？」【ソリューション・フォーカス・アプローチ】多くの子どもは、4より大きな数字を言います。例えば、「5」と言うかもしれません。我慢した数値が「4」だったのが、「5」へと増えています。

フレーズ➤「お！増えた！頑張ろうとしているんだね！」と4から5へ増えた点をほめ、「期待しているよ。」と励まします。

こうした働きかけによって、子どもは大きく変容します。これまで、否定され、叱責されてばかりだったのが、自分の頑張りが認められ、励まされるからです。「頑張ろう」と思い、手を出すことはなくなります。

留 意 点

この実践は、手を出すことを容認しているようにも映るかもしれませんが、そうではありません。叩くという行為に対しては、毅然とした態度で指導しな

ければなりません。しかし、発達障害などの子どもは、いけないと言われ続け、それでも改善できないという経験を繰り返ししています。**「叱られる→自己肯定感が下がる→また叩く→叱られる」**という悪循環を断ち切らなければなりません。そのとき、行為を数値化し、今後に働きかけることで、変容するきっかけを作るのです。

ま と め

・自分の「手を出してしまった力加減」を数値化させる。
・そして、頑張って我慢した点に注目させる。
・次にもっと頑張るという働きかけを行う

　このような働きかけの結果、子どもは手を出すことがなくなることが多いです。おそらく、このようなアプローチで認められ、励まされた経験がないのだと思います。マイナス面でなくプラス面を引き出し、励ますことはとても大切です。

43 全員遊びやゲームでの文句の対応術

メタ認知

　学級で全員遊びをします。そんなとき、「ズルした。」「あいつが悪い。」とそんな声が聞こえてきます。近くの人とヒソヒソ。これは絶対に許してはいけません。このようなことが万延するクラスははっきり言ってよくありません。また学級というものを子どもが理解していないとも言えます。したがって文句がちらっとでも出たら指導しなければなりません。

　そこで、子どもに「学級とはどのようなものなのか」「楽しむということはどういうことなのか」をしっかり理解させることが大切です。

心理キーワード

メタ認知

　メタ認知とは、自分を客観的に見ることを言います。全員遊びや集団行動をする際に、子どもは楽しい、楽しくないなど主観的にものを捉えがちです。また、それが言葉になり、不満を言うことがあります。そこで、全体に問いかけるように指導します。全体の問題として取り扱うべきなのか、個人的な感情によるものなのかを知るきっかけを作ります。

戦 略 的 実 践

フレーズ▶「**全体でしっかり言いなさい。 また、進行係の子がいれば、進行の子に言いなさい。**」と言います。

　そして「個人的なワガママなのか。本当にズルをしていたのか。」と問い、客観的に物事を見るように働きかけます。【メタ認知】個人的なワガママだった場合、ほとんどがここで言わなくなります。子どもたちがしっかり訴えるならば、全体で確認します。

フレーズ▶「**目的は、楽しむことだったよね？**」

　これを見落としてはいけません。全員で遊ぶことは、勝負ではなく、絆を深めることです。このことは、耳にたこができるほど言いましょう。

フレーズ▶「**文句いったら楽しいものも楽しくない。問題があるなら、全体でしっかり話してよりよいものにしていこう。**」

　文句の内容を否定はしません。ヒソヒソといったり、周囲で言うことが問題であることを指導します。

フレーズ▶「**まぁいいか。と思えると立派だなぁ。**」

　小さいことを気にする子どもがいますが、それも是正すべきです。集団生活はある程度の摩擦が生じるものです。寛容さは必要です。その大切さを伝えましょう。ここで大切なことは、押しつけないことです。

フレーズ▶「**先生は、まぁいいかと許せると嬉しいなぁ**」
と伝えるだけでよいでしょう。

POINT

- 集団遊びには、トラブルはあると思った方がいいでしょう。しかし、それを避けずに、乗り越えることでより一層すばらしい学級ができます。だから、ちょっとでも、文句らしきもので雰囲気が悪くなれば、教師はそれを問題視する姿勢が大切です。遊びや、集団活動を通して、成長させることを忘れてはなりません。
- 全体に問いかけるべきかどうかという視点をもたせ、客観的に物事を判断する習慣を身につけさせましょう。

44 聞いていないと感じたときの対応術

リラックス効果

学級全体で指導をしているときに、あまり反応がよくないことがあります。聞いている人が少ないことや、聞いてはいるがあまり意欲的に聞いていないこともあります。原因をしっかり見極め、話を短くするなどの工夫が必要ですが、ときとして長くはなるかもしれませんが、伝えなくてはいけない場面があります。ただここで教師が「しっかり話を聞きなさい！」と強く言うことは避けたいです。これでは、よけい子どもは聞きたくないと思います。では、どうすればよいのでしょうか。

心理キーワード

リラックス効果

リラックス効果とは、話し手が「忘れていいから」などと述べれば、聞き手は、反対に注意して聞くという効果があります。つまり、「これは、話の聞きたい人だけ、聞いてください。」や「半分くらいの人に響けばいいです。」「先生の独り言として聞いてください。」と強制しません。そうすると、子どもは「何の話だろう。」と結果的に多くの子どもが話を聞こうとすることをねらいとします。

わかる人だけに伝えます

戦 略 的 実 践

> 聞かなくてもいいと伝えます。

　学級全体で問題がありました。教師は全体で指導をします。ところが、子どもがあまり話を聞いていません。1日の終わりや、運動会の後など、子どもが疲れているときがあります。本来は、次の日に指導するなどの手立てが必要かもしれません。

　しかし、その日に伝えなくてはいけないこともあります。そんな際は、**フレーズ**▶「ここからの話は、半分くらいの人に伝わればいいです。」や「話のわかる人だけでいいです。」と前置きをしてから述べます。

　ただ、ダラダラと教師が話しても子どもは聞きません。しかし、クラスの半分だけでよい、話をしっかり聞ける力のある人だけと限定することで、子どもは「聞こう」という気になります。【リラックス効果】

留 意 点

　ただ、子どもの実態によっては、「先生が聞かなくてよい、と言ったから聞かなかった」となる場合があります。その際には、「あなたには伝わらなかったのですね。残念です。」と気持ちを伝えてあげましょう。

POINT

　これは、全体指導だけでなく、個人指導でも大きな効果を発揮します。個人指導で、伝えたいことが多くなる場合があります。その際に、「これは、頭の隅でいいから入れといて。」とあえて、強制しないというメッセージを含ませて伝えます。そのことで、子どもの中にスッと入りやすくなります。

ま と め

　話が聞けていないと判断した場合は、あえて逆の発想で働きかけてみましょう。

45 子どもの相談には、様子をみるという選択肢も

傾聴

　ある放課後Aさんが「なんか私、Bちゃんに睨まれている！！」と放課後、相談してきました。教師の正義感から「これはいけない」と思い、すぐに睨んでくるBさんを呼びだし、指導をしがちです。逆に、教師Aさんに対して「大したことがないな」とそこで相手にしなかったり、話をしっかりと受け止めたりしないことがあります。こうした指導によって、よけい両者の関係が悪くなったり、また、教師と子どもとの関係に溝ができてしまうことがあります。

心理キーワード

傾聴

　傾聴とは、相手をよく理解し、気持ちを汲み取り、共感する聴き方のことです。状況や子どもによっては、「解決を求めているわけではなく、話を聞いて欲しいだけ」のことがあります。教師に自分の悩みを伝えることで、気持ちがずいぶんと楽になります。そうした傾聴の効果を頭に入れながら、相談にのることで、子どもにとって最前の手立てを行うことができます。

戦 略 的 実 践

STEP 1 → まずは話を聞いてあげます。

　その際のポイントは体の向きを子どもに向け、「うん。うん。」と頷きます。子どもの言葉を繰り返すなど共感的に話を聞きます。教師に相談しにくることはとても勇気のいることです。その気持ちも含め、しっかりと不安に思っていることや起こった出来事を聞いてあげます。

POINT

　あくまで第三者として冷静さをもちながら聞きます。感情的になって、話を聞くことは避けたいです。相手のBさんにも事情があるかもしれません。相談してきたAさんの気持ちや事実をしっかりと「同情する」のではなく「理解すること」に重きを置きましょう。

STEP 2 → 「どうしたいか。」と聞いてみます。

　すべての話を聞いた後、

フレーズ 「どうする？じゃあ、Aさんと話をしようか？」と聞いてみます。「話し合いたいです。」と言えば、話し合います。しかし、「大丈夫です。少し様子を見てみます。」と言うかもしれません。子どもの意見を尊重してあげることが大切です。しっかり気持ちを受け止められると子どもは安心感をもちます。その安心を感じさせることがとても重要になります。

留 意 点

　注意すべきなのは、教師が判断しないことです。もし、「じゃあ、様子を見ようか」と教師が決めてしまっては、「決めつけられた」と感じます。子どもの意見に耳を傾ける必要があります。【傾聴】

ま と め

　傾聴するということも、れっきとした指導技術です。子どもの話す内容を聞くということを大切にしましょう。

46 指導の後は、ラベリングで勇気づける

ラベリング効果

　トラブル対応の終盤は、とにかく子どもを勇気づけることが大切です。よく、悪いところばかりをいい、そのままにしてしまうことがありますが、よくありません。

　しかし、いつも悪さばかりをしていて、よいところ、励ますところがないと感じる子どももいます。では、どのように励ませばよいのでしょうか。

心理キーワード

ラベリング効果

　ラベリング効果とは、相手（子ども）に望むイメージの「ラベル」を貼ることで、次第に変えていくという技術です。

　悪さばかりしていて、よいところが見つからない。そのような場合は、できていなくても「望ましい子ども像」をその子どもに貼りつけます。そうすることで、子どもをすこしずつ変えていくことができます。

戦 略 的 実 践

　いつもトラブルばかり起こす子どもがいます。

　これまでの指導にあるように事実確認をし、解決案を指導します。しかし指摘するだけではなく、勇気づけたり、励ましたりする必要があります。

　その際に、

フレーズ「〇〇さんは成長している。前に比べて、相手のことを思いやることが増えた。」と伝えます。

留 意 点

　実際、教師がそう思っていなくてもよいのです。教師がそのように成長しているとラベルを貼ります。【ラベリング効果】

POINT

- 個人内の変化を伝えます。

　　初年度からの変化を伝えます。または、もち上がりであれば、2年前と比べます。

- 相手を認め合う活動を日常的に行い、他の子どもからほめられた事実をストックしておきます。ハッピーレターや褒め褒めタイムの言葉を使って、相手からも認められているという事実を伝えます。

- すでに、成長しているということを伝えます。

　　〇〇したら、成長できるのになどと言ってはいけません。大切なことは、すでに成長していると認めてあげることです。

- Ⅰメッセージで伝えます。

　　〇〇（該当する子ども）さんは、そんなことないと思っていても、先生（Ⅰ）は、成長していると思っているし、他の人から認められていると伝えます。

ま と め

　教師が望む像をすでに、きみはもっていると思わせることで、子どもを大きく変容させましょう。

お わ り に

　初任者のとき、私は苦悩の中にいました。

　夜眠れない、食欲がなくなるなどの身体症状が出るほど、私は追いつめられていました。その原因は学級経営がうまくいかないことにありました。

　子どもたちが言うことを聞いてくれない。

　毎日のように教室ではトラブルが起きる。

　堪え難く、教員をやめようかと思うほどでした。

　そのとき、心理学の書籍に出会いました。

心理学から、技術だけでなく、「他人の心理を図ること」の重要性を学びました。

　他人の心理、つまり、子どもの身になって考えることを学んだのです。

　子どもの身になって考えてみるといままでの私の指導は本当にヒドいものでした。

命令や圧力をかけ、子どもたちを型に強引にはめるような指導。

それでは、子どもたちは反発します。

　そこで、私は、型にはめようとせず、自ら子どもたちが成長できるようにするためにはどのようにすればよいのかを考え始めました。

　子どもの意見を引き出すように働きかけたり、自己決定の場を設けるようになったりするようになりました。

　その結果、トラブルも減り、子どもたちがのびのびと生活するようになりました。また、自ら仕事を行ったりやお互いを助け合ったりするなど思いやりのある集団へと変わっていきました。

　しかし、心理学の法則や原則をそのまま、転用するのは危険です。「参考にする程度」や子どもとのやりとりの中で子どもがよりよい姿へ変容した際の「根拠とする程度」にとどめるのがよいと思います。

繰り返し述べていますが、心理学から、子どもの実態を把握すること、指導する際の子どもの心理を読み取ろうとする姿勢、指導後の子どもの変化を見取ることを学ぶことができます。

　このような心理学がもたらす「子ども理解への重要性」というものが、日本の教育にもっと普及し、苦しんでいる教師や子どもたちの助けとなり、少しでも笑顔のある現場になるように、心から願っています。

　本書の出版にあたり、たくさんの方々のご助力をいただきました。

　まず、出版社の方に私をご紹介していただきました授業準備のための無料情報サイト「フォレスタネット」事務局の島貫良多さん。

　前書きにも書きましたが、フォレスタネットは、とても貴重な情報サイトです。

　もし、興味が有る方がいらっしゃいましたら、是非、ご覧頂けたらと思います。下の QR コード、もしくは、「フォレスタネット」でご検索ください。

　そして、執筆について一から指導してくださった東洋館出版社の北山俊臣さん、わかりやすいイラストを書いてくださった熊アートさん、皆様のお力添えで素敵な本が仕上がりました。ありがとうございます。

　最後に、育児に仕事と忙しいにもかかわらず、私に執筆の時間を作ってくれた妻にもありがとう！

2020 年 2 月

阿部真也

参 考 文 献

「ビジネス、恋愛にいますぐ使える一行交渉術」（鉄人社）　2012

「パンダ先生の心理学図鑑」ポーポー・ポロダクション　著（PHP研究所）　2017

「心理学辞典」中島義明　編，多数（有斐閣）1999

「1分・3分・5分でできる学級あそび102」菊池省三　監修（喜楽研）2018

「教育の現場におけるカウンセリング・マインドとリフレーミング」
笠置浩史　（論文）2008

「発達障害の子どもを伸ばす魔法の言葉かけ」shizu　著（講談社）2013

「3〜6歳のこれで安心子育てハッピーアドバイス」
明橋大二　著（一万年堂）　2017

「はじめて出会う心理学」
長谷川寿一・東條正城・大島尚・丹野義彦・廣中直行　著（有斐閣）　2008

「一瞬で人を操る心理法則」内藤誼人　著（PHP研究所）　2011

「先生のためのやさしいブリーフセラピー」森俊夫　著（ほんの森出版）　2000

「これならできる！世界一やさしい心理操作テクニック図鑑」
齊藤勇　監修（宝島社）　2019

「思いのままに人を操る心理学大全」齊藤勇　監修（宝島社）　2013

森俊夫・黒沢幸子「〈森・黒沢のワークショップで学ぶ〉解決志向ブリーフセラピー」
（ほんの森出版）2002

「教え方のプロ・向山洋一全集4　最初の三日間で学級を組織する」
向山洋一　著（明治図書）　1999

「イグニッション5号出立の瞬間」渡辺道治　（フォレスタネット投稿）

「即効！明日から使える！小学校の教育実践100」
熱海康太　著（デザインエッグ社）　2019

「指導には差がある」松島広典　（フォレスタネット投稿）

プロフィール

北海道公立小学校教諭。

子どもにとってよりよい教育の実現にむけて、日々
悩み、日々探究しています。

2018年末よりフォレスタネットにて実践を発信し、
フォレスタネットのフォロワー数は、屈指の1300
人越え（2020年1月現在）。

現在は、フォレスタネット、Twitterで学級経営に
とどまらず、仕事術、授業技術について発信中。

フォレスタネットでは、新人王（2018）、月間
MVP（2018）、初代半期MVPなど多数受賞。

「フォレスタネット selection vol.4 小学校の授業準
備のための実践集―2019上期編―」

「フォレスタネット selection vol.5 小学校の授業準
備のための実践集―2019下期編―」

などに多数執筆。

心理テクニックを使った！

戦略的な学級経営

2020（令和2）年3月16日　初版第1刷発行
2021（令和3）年4月22日　初版第7刷発行

著　者　阿部真也
発行者　錦織圭之介
発行所　株式会社 東洋館出版社
　　　　〒113-0021　東京都文京区本駒込 5-16-7
　　　　営業部　TEL：03-3823-9206
　　　　　　　　FAX：03-3823-9208
　　　　編集部　TEL：03-3823-9207
　　　　　　　　FAX：03-3823-9209
　　　　振替　00180-7-96823
　　　　URL　http://www.toyokan.co.jp

[装　丁] mika
[本文デザイン] 熊アート
[イラスト]　熊アート
[印刷・製本] 岩岡印刷株式会社

ISBN978-4-491-04035-6　　Printed in Japan